# Auf die Schnelle

# MP3
# einfach nutzen

## Philip Kiefer

**DATA BECKER**

| | |
|---|---|
| **Copyright** | © DATA BECKER GmbH & Co. KG<br>Merowingerstr. 30<br>40223 Düsseldorf |
| **E-Mail** | buch@databecker.de |
| **Reihenkonzeption** | Peter Meisner |
| **Produktmanagement** | Peter Meisner |
| **Umschlaggestaltung** | Inhouse-Agentur DATA BECKER |
| **Layout** | Jana Scheve |
| **Textbearbeitung und Gestaltung** | Astrid Stähr |
| **Produktionsleitung und Textmanagement** | Claudia Lötschert |
| **Druck** | fgb • freiburger graphische betriebe (www.fgb.de) |

ISBN 978-3-8158-1713-1

## Wichtiger Hinweis

Die in diesem Buch wiedergegebenen Verfahren und Programme werden ohne Rücksicht auf die Patentlage mitgeteilt. Sie sind für Amateur- und Lehrzwecke bestimmt.

Alle technischen Angaben und Programme in diesem Buch wurden vom Autor mit größter Sorgfalt erarbeitet bzw. zusammengestellt und unter Einschaltung wirksamer Kontrollmaßnahmen reproduziert. Trotzdem sind Fehler nicht ganz auszuschließen. DATA BECKER sieht sich deshalb gezwungen, darauf hinzuweisen, dass weder eine Garantie noch die juristische Verantwortung oder irgendeine Haftung für Folgen, die auf fehlerhafte Angaben zurückgehen, übernommen werden kann. Für die Mitteilung eventueller Fehler ist der Autor jederzeit dankbar.

Wir weisen darauf hin, dass die im Buch verwendeten Soft- und Hardwarebezeichnungen und Markennamen der jeweiligen Firmen im Allgemeinen warenzeichen-, marken- oder patentrechtlichem Schutz unterliegen.

# Inhalt

# 1. Auf die Schnelle: MP3 einfach nutzen – die besten Tipps & Tricks auf einen Blick

Dass sich das MP3-Format gegenüber anderen Musikformaten durchsetzen konnte und sich seit über einem Jahrzehnt als Standard-Musikformat behauptet, hat eine Reihe von Gründen. Wichtigster Vorteil des MP3-Formats ist natürlich, eine nicht komprimierte Musikdatei auf rund ein Zehntel der ursprünglichen Größe zu reduzieren – das spart massig Speicherplatz und sorgt für schnelle Downloads aus dem Internet. Darüber hinaus bietet das MP3-Format keine Angriffsfläche für „Digitales Rechtemanagement", sprich, den Kopierschutz für Musikdateien. Dieser kann, z. B. beim Wechsel eines Betriebssystems oder beim Transfer einer Musikdatei auf den Player, extrem lästig sein.

Nicht zuletzt ist und bleibt MP3 das Standard-Musikformat, weil es dafür die meisten Tools (sowohl Software als auch Hardware) und Internet-Plattformen gibt. Wenn Sie sich für digitale Musik interessieren, kommen Sie am MP3-Format also nicht vorbei. In diesem Buch erfahren Sie von A bis Z, wie es geht – und was alles geht.

> **Geltendes Urheberrecht beachten!**
>
> DATA BECKER weist darauf hin, dass Text-, Grafik-, Bild-, Video-, Ton- oder Datenmaterialien urheberrechtlich geschützt sein können und dass der Austausch, die Vervielfältigung und Verbreitung solcher Materialien unter bestimmten Voraussetzungen – auch im privaten Bereich – ohne vorherige Zustimmung des Rechteinhabers eine Urheberrechtsverletzung bedeuten kann. Dies gilt auch für den Austausch von geschützten Materialien über Filesharing-Systeme.

## Kostenlos und legal MP3s aus dem World Wide Web saugen

Suchen Sie nach dem neusten Album Ihres Lieblingsinterpreten? Dann könnten Sie jetzt in den nächsten CD-Laden rennen, die CDs durchkramen, an der Kasse anstehen und schließlich nach Hause zurückkehren. Wahrscheinlich könnten Sie die CD in ca. einer Stunde anhören – und dann vielleicht für immer in den Schrank stellen, weil Ihnen die CD doch nicht so gut gefällt.

Die Alternative zum Einkauf im CD-Laden hört sich gar nicht schlecht an: Sie setzen sich an den PC und surfen zu einem MP3-Shop im Internet. Sie hören die Titel der CD zunächst probe, bevor Sie sich entscheiden, ob Sie das komplette Album oder nur einzelne Titel kaufen möchten. Bezahlen Sie die Musikdateien z. B. per Kreditkarte oder Bankeinzug und laden Sie sie dann auf Ihren Rechner herunter.

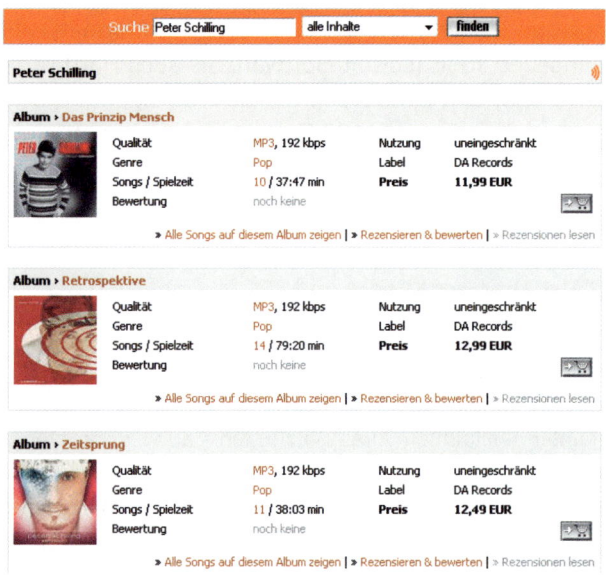

Das geht blitzschnell und bietet einen weiteren Vorteil: Sie haben die Musikdateien gleich im richtigen Format, um sie auf den MP3-Player oder auf das Handy zu verfrachten.

Das Beste: Viele Künstler, die nicht von großen Plattenfirmen abhängig sind, stellen ihre MP3s kostenlos ins Internet, d. h., Sie laden diese völlig für lau auf Ihren PC. Die Schwierigkeit besteht lediglich darin, kostenlose Musik ausfindig zu machen. Egal ob Sie kostenpflichtige oder gratis Musikangebote im WWW nutzen möchten: Im zweiten Kapitel dieses Buches erfahren Sie, wie Sie Google & Co. richtig einsetzen, um alle gewünschten MP3s schnell zu finden.

Aktuelle Musik aus den Charts zum Nulltarif? Auch das gibt es – ganz legal! Schneiden Sie die Songs einfach aus dem  Online-Radio mit und speichern Sie sie direkt im MP3-Format ab. Wie's richtig gemacht wird, erfahren Sie im dritten Kapitel dieses Buches.

## Von Audio-CD oder aus anderen Musikformaten: MP3 erstellen leichtgemacht

Vielleicht verfügen Sie bereits über die gewünschte Musik, allerdings noch nicht im MP3-Format? Kein Problem: Erstellen Sie MP3-Kopien von Musik-CDs – zur Sicherung auf der Festplatte oder um die Songs auf den MP3-Player zu überspielen. Das klappt mit wenigen Handgriffen, entweder mithilfe des Windows Media Player oder leistungsstarken alternativen Tools.

Und falls Sie bereits Musikdateien auf der Festplatte haben: Auch zum Konvertieren von Sounddateien ins MP3-Format steht eine Reihe von Tools zur Verfügung, die Sie in diesem Buch detailliert kennenlernen werden. Versehen Sie die MP3-Dateien darüber hinaus mit nützlichen Zusatzinformationen, damit Sie sie später leichter wiederfinden und sortieren können. Wie dies und noch einiges mehr funktioniert, lesen Sie in den Kapiteln 4 und 5 des Buches.

Spätestens wenn Sie ein paar Hundert MP3s auf der Festplatte liegen haben, werden Sie feststellen, dass ein wenig Ordnung nicht schaden könnte: Nutzen Sie beispielsweise unter Windows Vista virtuelle Suchordner, um Ihre MP3s nach unterschiedlichen  Kriterien in den Griff zu bekommen, lassen Sie doppelte Songs ausmisten oder versehen Sie Ihre MP3-Songs kinderleicht mit einheitlichen Dateinamen. MP3-Dateien optimal verwalten und automatisch mit dem MP3-Player synchronisieren – diesen Themen widmet sich das sechste Kapitel.

## MP3 für Fortgeschrittene: MCs auf dem PC archivieren, MP3-Dateien bearbeiten & more

Audio-CDs als MP3 auf die Festplatte ziehen: Das geht ruck-zuck, das kann jede Großmutter. Was ist denn aber mit der schönen alten Plattensammlung oder den MCs oder mit den Mitschnitten auf dem Diktiergerät? Auch daraus zaubern Sie mit ein wenig Knowhow hochwertige MP3-Dateien für PC und Player. Alles über Voraussetzungen, Funktionen und Vorgehensweise erfahren Sie in Kapitel 7 dieses Buches.

Wenn Ihre MP3-Dateien noch zu wünschen übriglassen: Das achte Kapitel widmet sich der Bearbeitung und Optimierung Ihrer MP3s. Dateien verkleinern oder mehrere MP3s aus einer Sounddatei erstellen, Ansagetexte wegschneiden – alles kein Problem.

Oder ganz professionell: Nutzen Sie das kostenlose „Tonstudio" Audacity zum Tunen einer MP3-Datei oder um mehrere Sounddateien zu mischen.

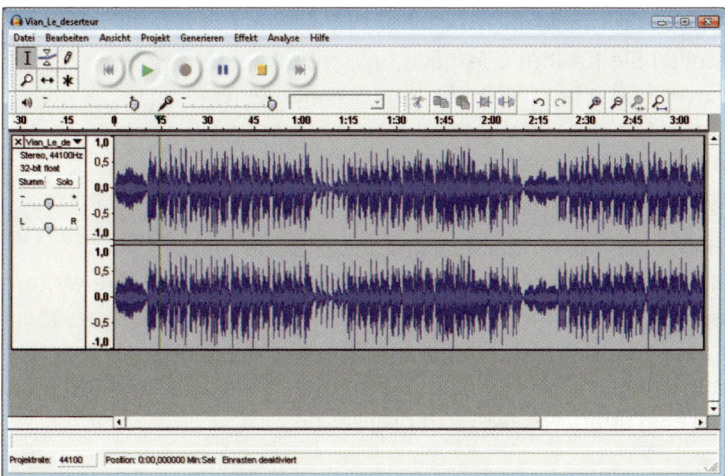

Haben Sie Lust, eine Menge Geld zu sparen? Dann laden Sie nie mehr MP3-Klingeltöne für Ihr Handy herunter – erstellen Sie diese einfach selbst: vom Ausschnitt der Lieblingsmusik bis zum Tiergeräusch, vom selbst gesprochenen Text bis zum lustvollen Stöhnen. Was immer Sie für einen Klingelton wünschen, erstellen Sie ihn mithilfe der Anleitung im achten Kapitel einfach selbst.

## Nie wieder einen CD-Laden betreten: Audio-CDs selbst erstellen

Die Stereoanlage einmotten und nur noch den PC zum Abspielen von Musik einsetzen? Eigentlich keine schlechte Idee. Wem das zu radikal ist: Stellen Sie aus Ihren MP3s individuelle Alben zusammen, die Sie mit wenigen Handgriffen als Audio-CD brennen – und auf jedem herkömmlichen CD-Player abspielen lassen.

Voraussetzung ist lediglich ein Brenner und ein entsprechender CD-Rohling, den Sie für einen Apfel und ein Ei kaufen.

Damit das Ganze auch nach etwas aussieht: Erstellen Sie für Ihre CDs noch passende Label, Cover und Inlays. Wie Sie zum Brennen einer Audio-CD etc. den Windows Media Player und andere Tools einsetzen, erfahren Sie im neunten Kapitel des Buches.

Haben Sie immer noch nicht genug? Dann ist das zehnte Kapitel genau richtig für Sie. Hier finden Sie weitere nützliche MP3-Tools, mit denen Sie Ihren Soundalltag versüßen. Lassen Sie sich z. B. einmal von Ihrer Lieblings-MP3 an einen Termin erinnern. Oder nutzen Sie das neue Vista-Feature, Mediendateien übers Netzwerk zu projizieren.

# 2. Lassen Sie andere die Arbeit machen: MP3s ganz einfach aus dem WWW ziehen

Um MP3s zu nutzen, braucht's gar nicht viel: für den PC eine Sound-karte und Lautsprecher; evtl. auch einen MP3-Player, um unterwegs Musik zu hören. Wenn Sie außerdem über eine schnelle Internet-verbindung verfügen, steht dem MP3-Vergnügen nichts mehr im Weg. Mit den Tipps und Tricks in diesem Kapitel finden Sie blitz-schnell jeden gewünschten Song – entweder günstig zum Kaufen in einem MP3-Shop oder völlig kostenlos via Google & Co.

## Das digitale Rechtemanagement nervt? – Nicht bei MP3-Dateien!

Online-Shops für Musik gibt es inzwischen wie Sand am Meer. Doch aufgepasst: Die meisten Shops vertreiben Songs im WMA-Format – digitales Rechtemanagement inklusive. Dies bedeutet, dass die gekaufte Datei mit einem Kopierschutz versehen ist und Sie neben der eigentlichen Datei eine Lizenz downloaden müssen.

Kein Problem, das funktioniert, aber:

- in der Regel ist das Kopieren und Brennen der ge-kauften Datei auf eine bestimmte Anzahl von Vor-
gängen beschränkt (z. B. 10mal brennen, 25mal kopieren, sprich: auf MP3-Player übertragen). So richtig gekauft ist ein Titel mit Kopierschutz also nicht.

- nicht jeder MP3-Player unterstützt das WMA-Format – und schon gar nicht das **d**igitale **R**echte**m**anagement (DRM).

- wenn Sie Ihr Betriebssystem oder den PC wechseln, gibt es Probleme. Sie müssen für den gekauften Titel dann erneut eine Lizenz downloaden; und wenn keine Lizenz mehr vorhanden ist: Pech gehabt!

Der Sinn von DRM ist klar: Die Musikindustrie will dadurch das Risiko von Raubkopien verringern und macht es Nutzern deshalb schwer. Wahrscheinlich schneiden sich die Plattenfirmen dadurch ins eigene Fleisch, weil DRM kostenpflichtige Downloads weniger attraktiv macht. Zum Glück gibt es das MP3-Format, das keine Angriffsfläche für digitales Rechtemanagement bietet. Wenn Sie einen MP3-Titel kaufen, dann gehört er wirklich Ihnen.

---

**DRM – heute schon von gestern?**

Das digitale Rechtemanagement geht nicht nur den Nutzern gewaltig auf den Keks, sondern auch Unternehmen, die Musik übers Internet vertreiben und DRM berechtigterweise als Klotz am Bein betrachten, z. B. Apple (iTunes) und T-Online (Musicload). Es ist wohl nur noch eine Frage der Zeit, bis der Kopierschutz fallen wird und das MP3-Format wieder zu seinen Rechten kommt.

---

## In wenigen Minuten auf der Festplatte: MP3-Songs online einkaufen

Ob ein Song nur mit oder ohne DRM verfügbar ist, das entscheidet letztlich die Plattenfirma. Songs aus den Charts zum Kauf gibt es deshalb in der Regel nur im DRM-geschützten WMA-Format. Kleinere Labels haben hingegen durchaus die Vorteile des MP3-Formats erkannt und genehmigen das Anbieten ihrer Songs ohne Kopierschutz. Erste Adresse für den MP3-Kauf in Deutschland: *http://www.mp3.de*. Hier finden Sie alles: kostenpflichtige und kostenlose MP3-Dateien, außerdem DRM-geschützte WMA-

Dateien, wie sie bei den großen Musikdownload-Anbieter (Music-load, AOL etc.) üblich sind. Zum Kaufen eines Songs – die Vorge-hensweise ist in allen Musikdownload-Shops bzw. Online-Shops allgemein ähnlich – gehen Sie wie folgt vor:

**1** Laden Sie die Webseite *http://www.mp3.de*. Nutzen Sie die in-tegrierte Suchmaske, um nach einem bestimmten Song bzw. Interpreten zu suchen.

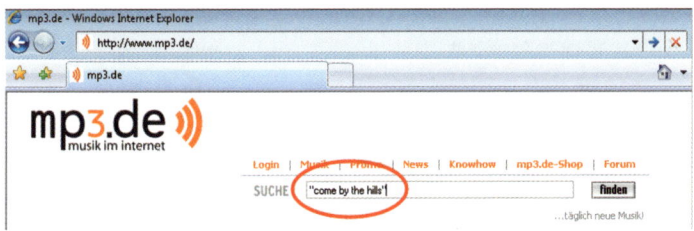

**Keine passenden Ergebnisse? – Die Webseite mit Google durchsuchen**

Die Suchfunktion von *mp3.de* und vielen anderen Download-Seiten ist nicht sehr leistungsstark. Nutzen Sie die Suchmaschine Google zur alternativen Volltextsuche. Hierzu dient der Befehl *site*, den Sie in der folgenden Form anwenden: *suchbegriff(e) site:url*, also z. B. *„come by the hills" site:mp3.de*. Google listet daraufhin die gewünschten Ergebnisse, die Sie per Link zum gewünschten Song führen.

**2** Sie suchen nichts Bestimmtes oder wissen nicht genau, wie man den Namen des Interpreten schreibt? Dann „stöbern" Sie in den Kategorien, um Songs zu finden, die Ihnen gefallen.

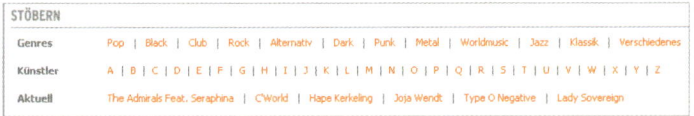

**3** Haben Sie einen Song gefunden, der Sie interessiert, dann nutzen Sie zunächst die Hörproben-Funktion, um sich von der Qualität der Musik zu überzeugen. Auf fast allen Musikdownload-Seiten werden Clips von ca. 30 Sekunden kostenlos zur Verfügung gestellt. Möchten Sie den Song kaufen, legen Sie ihn durch einen Klick auf das entsprechende Symbol in den „Warenkorb".

**4** Legen Sie auf diese Weise, wenn Sie es wünschen, weitere Songs in den Warenkorb. Abschließend öffnen Sie den Warenkorb und gehen „zur Kasse".

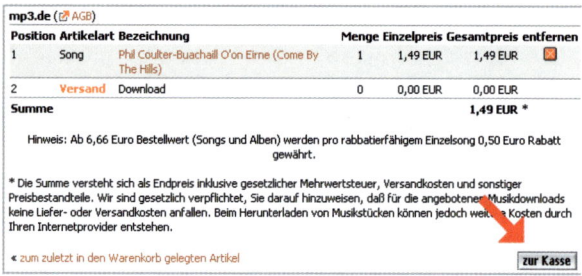

**5** Lästig, aber erforderlich: Zur Registrierung müssen Sie eine Reihe von Angaben machen (Name, Adresse usw.). Von mp3. de erhalten Sie anschließend einen Aktivierungscode per E-Mail zugeschickt, den Sie online eintragen, um die Registrierung abzuschließen.

**6** Der nächste lästige Punkt: die Bezahlung. Fast immer – so auch bei mp3.de – im Repertoire sind die Zahlung per Kreditkarte oder Bankeinzug. Bei vertrauenswürdigen Webseiten ist das kein Problem. Sollten Sie einer Webseite weniger Vertrauen zumessen, entscheiden Sie sich für einen alternativen Zahlungs-Service wie „Click & Buy" (*http://www.clickandbuy.com*). Hierbei wird Ihnen – nach Registrierung – das Geld gewissermaßen ausgelegt und später von Ihrem Konto eingezogen.

**Song nur als WMA-File verfügbar? – Testen Sie zunächst die DRM-Tauglichkeit Ihres MP3-Players**

WMA-Files mit digitalem Rechtemanagement kaufen und dann nur am PC abspielen – das kann's nicht sein. Bei mp3.de und anderen seriösen Musikdownload-Anbietern laden Sie vor dem Kauf eines kopiergeschützten Songs zunächst eine Testdatei für Ihren MP3-Player herunter, um zu prüfen, ob dieser überhaupt Dateien mit DRM abspielt. Bei mp3.de finden Sie die Testdatei im Archiv, in dem auch die von Ihnen gekauften Songs gelistet werden.

**7** Nach der Bezahlung finden Sie die bei mp3.de gekaufte Datei im *Musikarchiv*. Klicken Sie auf den zugehörigen Download-Button, um das Herunterladen zu starten. Bei kostenlosen Downloads, die Sie unter *http://www.mp3.de* ebenfalls massenhaft finden, steht der Download-Button direkt bei den Suchergebnissen, sodass Sie sich den bürokratischen Krimskrams sparen.

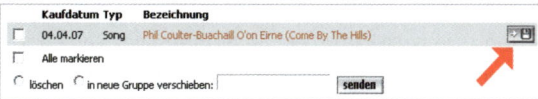

**8** Geben Sie für den Download gleich den richtigen Ordner an, in der Regel verwenden Sie den Benutzerordner *Musik*. Zum Anhören des Songs doppelklicken Sie einfach auf die Datei. Sie wird dann standardmäßig mit dem Windows Media Player abgespielt.

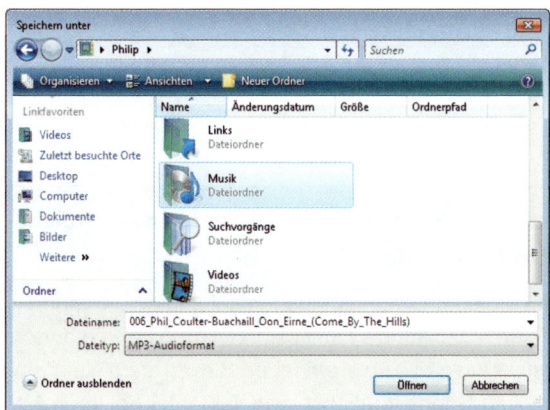

## Kostenlose MP3s im Internet: So werden Sie fündig – mit Google

Okay, ein MP3-Song kostet etwa so viel wie ein Sack Kartoffeln, mit dem Sie sich notfalls einen Monat lang am Leben halten könnten. Falls Sie sich den MP3-Kauf nicht leisten möchten: Es geht auch gratis – viele, meist weniger bekannte Künstler stellen ihre Musik zum Nulltarif im Internet zur Verfügung, um bekannter zu werden oder aus Protest gegen die Musikindustrie. Kostenlose MP3s finden Sie auf der bereits kennengelernten Webseite von mp3.de und auf vielen weiteren Webseiten im WWW.

Nur gibt es da ein kleines Problem:  Ergebnisse **1 - 10** von ungefähr **792.000.000** für **mp3**.
Wenn Sie bei Google *(http://www.google.de)* „mp3" als Suchbegriff eingeben, werden mehrere Hundert Millionen Webseiten als Ergebnis gelistet – von diesen enthält aber nur ein Bruchteil tatsäch-

lich MP3-Dateien, andere Webseiten schreiben *über* MP3, wieder andere betreiben schlicht Keyword-Spamming in der Hoffnung, dadurch mehr Besucher auf die Webseite zu locken. Es kommt also darauf an, richtig zu suchen. Um bei Google die gewünschten MP3-Dateien zu finden, ist ein wenig Suchstrategie erforderlich. Die bloße Eingabe von „mp3" als Suchbegriff bringt nichts, auch nicht die Eingabe eines Interpreten-Namens oder des gesuchten Songtitels – hierbei werden ja nicht nur Songs gelistet, sondern auch Infos über den Song etc. Besser ist da schon die Kombination aus beidem: Versuchen Sie es mit dem Begriff *mp3* und dem Interpreten oder Songtitel, z. B. *mp3 „die huberbuam"* oder *mp3 „come by the hills"*. Auch eine Suche nach Genre (z. B. *mp3 „irish folk"*) ist Erfolg versprechend. Mehrere Suchbegriffe werden bei Google automatisch mit einem unsichtbaren „und" verknüpft. Begriffe, die aus mehreren Wörtern bestehen, setzen Sie in Anführungszeichen.

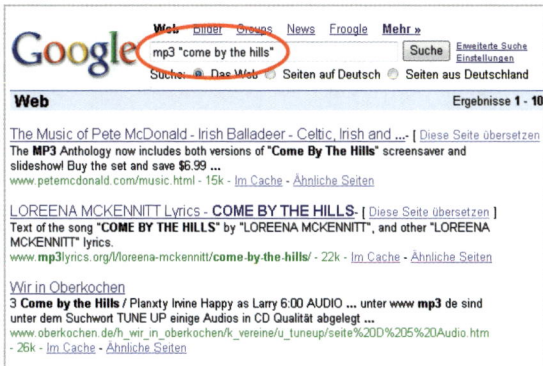

## Oben in der Liste nur Shops für Handy-Klingeltöne? – Störende Suchergebnisse ganz einfach ausschließen

Mit etwas Glück finden Sie auf diese Weise bereits das Gesuchte, evtl. müssen Sie dazu zunächst eine Reihe von Webseiten durchstöbern. In vielen Fällen wird diese einfache Suchmethode nicht ausreichen, da zu viele nutzlose Ergebnisse gelistet werden: 30-Sekunden-Clips zum Probehören, Klingelton-Shops, „Lyrics-Webseiten", die MP3s zum Kauf anbieten und vieles mehr.

Um diesem Problem Herr zu werden, hilft nur das Ausschluss-

verfahren, d. h., Sie suchen nach bestimmten Begriffen und legen dabei gleichzeitig fest, was für Begriffe nicht in den Ergebnissen vorkommen dürfen. Die auszuschließenden Begriffe lassen Sie einfach mit einem jeweils vorangestellten Minuszeichen den Suchbegriffen folgen, also etwa *mp3 „come by the hills" -lyrics -klingelton -shop -euro –dollar* usw. Die Ausschlussliste kann variieren, je nachdem, welche Art Webseiten bei einer MP3-Suche stören.

> **MP3s, Videos & more: mit Google alles Gesuchte blitzschnell finden**
>
> An Google kommen Sie heute nicht mehr vorbei: ob Sie MP3s suchen, beliebige Webseiten oder die Bedienungsanleitung für ein Handy, ob Sie eine Route planen oder von überall her auf Ihre Kontakte zugreifen wollen – das alles und noch viel mehr kann Google. Eine erstklassige Einführung in das Suchen und Finden mit Google sowie die Nutzung der Zusatzfeatures bietet das Buch „Auf die Schnelle: Alles besser finden mit Google" (DATA BECKER, ISBN 978-3-8158-1709-4).

### Noch nicht fündig geworden? – So verfeinern Sie Ihre MP3-Suche

Falls die Ausschlussmethode allein nicht genügt, müssen Sie Ihre MP3-Suche noch etwas verfeinern, indem Sie zusätzliche Suchbegriffe nutzen. Besonders bewährt haben sich für die Suche nach kostenlosen MP3-Dateien die zusätzlichen Suchbegriffe *kostenlos* bzw. *free* und *herunterladen* bzw. *download*. Damit machen Sie in der Regel blitzschnell Webseiten ausfindig, die den gewünsch-

ten Song kostenlos zum Download anbieten. In jedem Fall empfiehlt es sich, englischsprachige Webseiten in die MP3-Suche ein-
zubeziehen – die Menge macht's!

Und warum eigent-
lich sich bei der Su-
che auf MP3-Dateien

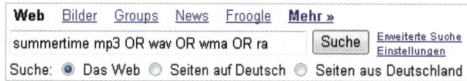

beschränken? Musikdateien anderer Formate können ja später
ganz einfach ins MP3-Format konvertiert bzw. notfalls im MP3-
Format neu aufgenommen werden. Beziehen Sie also auch weitere Musikformate in die Suche mit ein. Häufigste Dateitypen neben MP3 sind: WAV, WMA (Format des **W**indows **M**edia **P**layers)
und RA (Format des **R**eal**Pl**ayers). Binden Sie diese Formate mit
einer Oder-Verknüpfung in die Suche ein, und zwar in der Form
*mp3 OR wav OR wma OR ra*.

---

### Keine Lust, lange zu suchen? – Zigtausende MP3s kostenlos und auf einen Schlag

Eine englischsprachige
Download-Seite, die es
in sich hat: Unter *http://
music.download.com*
finden Sie jede Menge
MP3s zum kostenlosen

Download (Stand April 2007: über 75.000 kostenlose MP3-Dateien
aus allen Genres!). Nutzen Sie die Suchmaske oder die Kategorien-
leiste, um Ihre Wunschmusik ausfindig zu machen. Zum Herunterladen eines Songs klicken Sie einfach auf *Download Free MP3* und
geben den Speicherpfad an.

---

Ungewöhnlich, aber in vielen Fällen wirksam: Bei zu vielen Treffern
streichen Sie den Suchbegriff *mp3* ganz aus Ihrer Dateitypen-Lis-
te. Dieser Suchbegriff wird im Internet leider inflationär genutzt
– weil eben viel nach MP3s gesucht wird, und Keyword-Spammer

sich diesen Sachverhalt zunutze machen. Wenn Sie nur die anderen Dateitypen als Suchbegriffe verwenden, verbessern Sie deshalb in der Regel das Suchergebnis.

## Per Soundsuchmaschine blitzschnell zum Wunschtitel

Google hat schon genug Copyright-Ärger mit seinem Videoportal – wohl deshalb traut sich das Unternehmen nicht so recht an eine spezifische MP3-Suche heran. Im Gegensatz zur Konkurrenz! Google-Konkurrent AltaVista bietet eine Soundsuchmaschine, die es in sich hat. So einfach funktioniert es:

**1** Laden Sie die AltaVista-Webseite unter *http://www.altavista. de* in Ihren Browser. Klicken Sie oberhalb der Suchmaske auf die Registerkarte *MP3/Audio*.

**2** Unterhalb der Soundsuchmaske sehen Sie eine Reihe von Dateitypen. Wenn Sie Ihre Suche auf MP3-Dateien beschränken möchten, deaktivieren Sie per Mausklick alle Kontrollkästchen bis auf das Kästchen *MP3*.

**3** Kurze Soundclips? Nein, danke. Im Drop-down-Menü *Dauer* bestimmen Sie deshalb, dass nur nach MP3-Dateien mit mindestens einer Minute Länge gesucht wird.

**4** Geben Sie nun in die Suchmaske ein, nach welcher

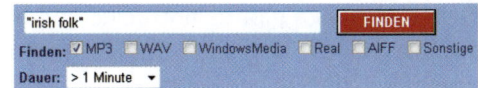

Art Musik Sie suchen – also wiederum entweder Interpret, Songtitel oder Genre (häufig im gesuchten Titel angegeben). Starten Sie Ihre MP3-Suche per [Enter]-Taste oder indem Sie auf den *Finden*-Button klicken.

**5** Die passenden Such-ergebnisse werden aufgelistet. Leider funktioniert nicht je-der Link, nur etwa je-der zweite oder dritte – immerhin! Es wer-den jeweils Songtitel, Format und Dauer des Songs angezeigt. Sagt Ihnen ein Ergeb-nis zu, klicken Sie beim entsprechenden

Eintrag auf den Link *In neuem Fenster öffnen*.

**6** Nun gilt es noch, den Song auf der geöff-neten Webseite ausfin-dig zu machen. Wenn Sie Pech haben, ver-steckt sich dieser in einem Textkonvolut. Verwenden Sie dann

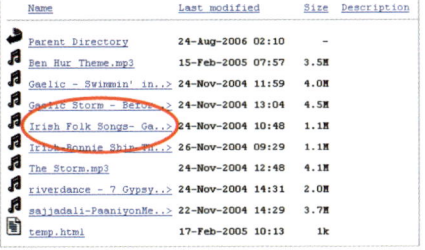

die Tastenkombination [Strg]+[F], um die Webseite per Suchfens-ter nach Begriffen zu durchsuchen.

Neben AltaVista gibt es noch eine ganze Reihe weiterer Sound-suchmaschinen. Falls die AltaVista-Suche nicht das gewünschte Ergebnis liefert, geben Sie den Begriff *mp3-Suche* bei Google ein, um schnell weitere Soundsuchmaschinen ausfindig zu machen, bei-spielsweise *http://www.excite.de/search/mp3, http://www.alltheweb. com/?cat=mp3* usw. Achten Sie in jedem Fall darauf, kein urheber-rechtlich geschütztes Material auf Ihren Rechner zu laden!

---

**MP3-Links: So ziehen Sie den Song auf Ihre Festplatte**

Möchten Sie einen MP3-Song nicht nur anhören, sondern auf Ihre Festplatte ziehen? Dann kli-cken Sie den entsprechenden Link nicht mit der linken, son-

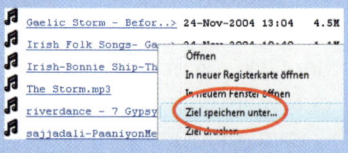

dern mit der rechten Maustaste an. Im sich öffnenden Menü wählen Sie *Ziel speichern unter* und geben den Speicherpfad an.

---

## MP3 ist nicht nur ein Musikformat: Hier finden Sie kostenlose Hörbücher

Müde Augen vom vie-len Lesen? Das muss nicht sein: Laden Sie sich doch hin und wie-der ein Hörbuch auf Ihren MP3-Player und lassen Sie sich die Texte vorlesen. Hierzu gibt es inzwi-schen massig Ange-bote im Internet – so-wohl kostenpflichtige

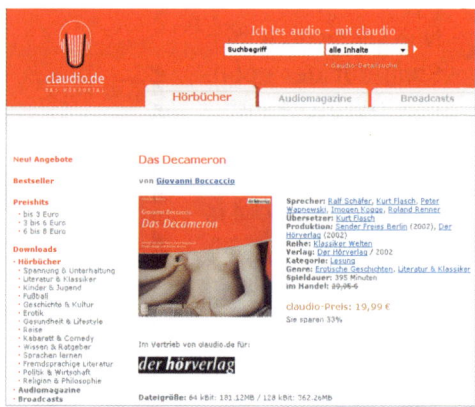

als auch kostenlose. Bücher zum Download für ein paar Euros, das gibt es z. B. unter *http://www.claudio.de* oder – im Abo – unter *http://www.audible.de*. Verwenden Sie die Suchbegriffe *hörbücher mp3*, um mit Google weitere Anbieter ausfindig zu machen.

Oder darf's doch lieber kostenlos sein? Dann ist die Hörbuch-Webseite *http://www.vorleser.net* das Richtige für Sie. Hier finden Sie zahlreiche Klassiker – Erzählungen, Märchen, Gedichte – komplett zum Nulltarif.

Es ist nicht einmal erforderlich, sich zu registrieren. Klicken Sie in der Navigationsleiste der Webseite einfach auf *Autoren A-Z* und lassen Sie sich die verfügbaren Hörbücher des jeweiligen Autors anzeigen. Zum Downloaden einer Hörbuch-Datei klicken Sie mit der rechten Maustaste auf den zugehörigen Disketten-Button und wählen *Ziel speichern unter*.

## Die MP3-Datei ist in eine Webseite integriert? – So ziehen Sie sie trotzdem auf Ihre Festplatte

Schön, wenn sich zum Download einer MP3-Datei ein Link findet. Dies ist jedoch nicht immer der Fall. Manchmal sind die Dateien in eine Webseite eingebettet, sodass nicht einfach nur ein Link angeklickt werden kann.

Kein Problem! In den meisten Fällen lässt sich die MP3-Datei dennoch auf der Festplatte abspeichern:

**1** Befindet sich auf der Webseite ein integrierter Media Player, klicken Sie diesen einfach mit der rechten Maustaste an und wählen *Eigenschaften*.

**2** In den *Eigenschaften* wird der Speicherort, die URL-Datei angezeigt.

Markieren Sie diese mit der Maus, sodass sie blau unterlegt ist. Kopieren Sie

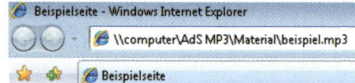

die URL mit der Tastenkombination [Strg]+[C] in die Zwischenablage.

**3** Fügen Sie die in die Zwischenablage kopierte URL mit der Tastenkombination [Strg]+[V]

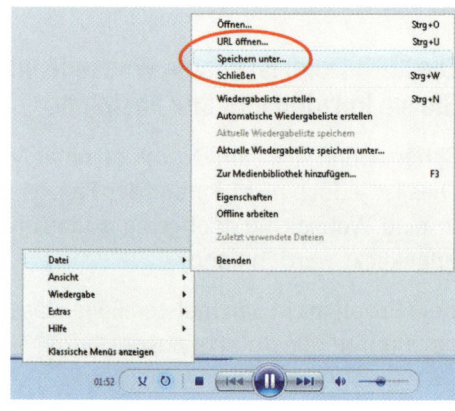

in das Adressfeld Ihres Browsers ein. Die MP3-Datei wird im Windows Media Player geöffnet.

**4** Im Windows Media Player wählen Sie *Datei/Speichern unter* bzw. klicken im Windows Media Player 11 mit der rechten Maustaste in die Funktionsleiste unten und wählen die entsprechende Option. Geben Sie den gewünschten Speicherpfad an.

Etwas verzwickter wird es, wenn zwar eine MP3-Datei im Hintergrund der Webseite läuft, aber kein Media Player angezeigt wird. In so einem Fall ziehen Sie die URL der MP3-Datei aus dem Quelltext der Webseite. Um diesen einzusehen, klicken Sie im IE 7 auf *Seite/Quelltext anzeigen* (im IE 6: *Ansicht/Quelltext*). Kopieren Sie die URL wiederum per ⌈Strg⌉+⌈C⌉ in die Zwischenablage und folgen Sie dann der obigen Anleitung ab Schritt 3. In einigen Fällen muss die URL noch vervollständigt werden (als z. B. statt *beispiel.mp3 http://www.beispielseite.de/beispiel.mp3*, je nachdem, von welcher Seite Sie die Datei herunterladen). Ist der Quelltext sehr umfangreich, durchsuchen Sie ihn mithilfe des Suchformulars, das Sie mit der Tastenkombination ⌈Strg⌉+⌈F⌉ aufrufen (Suchbegriff: *.mp3*).

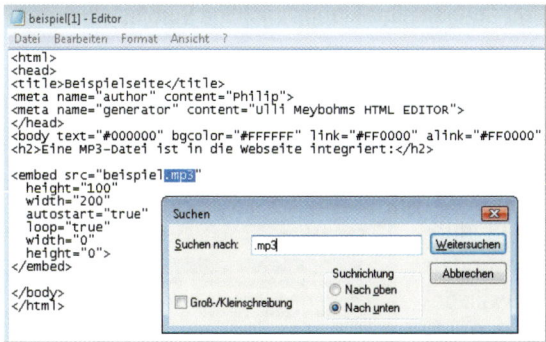

## Filesharing: Legale MP3-Downloads finden und herunterladen im BitTorrent-Netzwerk

Eine weitere sehr gute Option, um kostenlose MP3s auf die eigene Festplatte zu hieven, ist das Filesharing – der Tausch von Dateien im Internet. Leider hat das Filesharing den Geruch des Illegalen, und vielfach werden tatsächlich urheberrechtlich geschützte Dateien zum Download angeboten – davon Finger weg! Es werden aber längst nicht nur Dateien zum Klau angeboten. Besonders das BitTorrent-Netzwerk bietet Anbietern kostenloser MP3s nämlich einen unschätzbaren Vorteil: Der entstehende Download-Traffic wird gerecht auf alle Nutzer verteilt, Traffic-Kosten werden dadurch minimiert.

Um Torrents aus dem In-
ternet zu saugen, benöti-
gen Sie zunächst einen Bit-
Torrent-Client. Es stehen
verschiedene Tools zur Ver-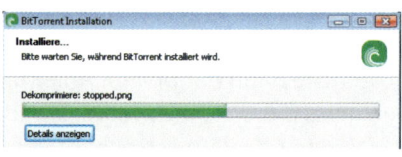

fügung. Empfehlenswert: der Client, den Sie unter *http://www.bit torrent.com/download* kostenlos herunterladen und mit wenigen Mausklicks auf Ihrem Rechner installieren.

### Damit mit dem Torrent-Saugen alles klappt: wichtige Voreinstellungen

Damit es auch mit BitTor-
rent funktioniert, müssen
Sie zunächst Ihre Firewall
entsprechend konfigurieren:
die Firewall auf Ihrem PC
und/oder die Firewall in Ihrem DSL-Router. Verwenden
Sie die Windows-Firewall, definieren Sie BitTorrent als
Ausnahme, die ungehindert
durch die Firewall kommuni-
zieren darf.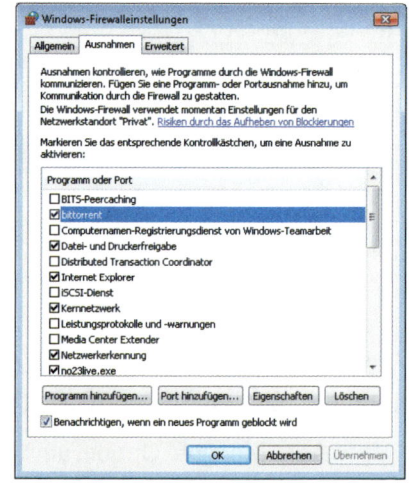

Klicken Sie hierzu im Start-
menü auf *Systemsteuerung* und wählen Sie den Eintrag *Programm durch die Windows-Fire-wall kommunizieren lassen*. Das *bittorrent*-Kontrollkästchen muss aktiviert sein.

Um eine Router-Firewall zu konfigurieren, müssen Sie das entsprechende Konfigurationsprogramm aufrufen und für die Kommunikation mit dem „Tracker" und anderen Clients folgende

**Firewall-Regeln**

**Ausgehende Dienste**

| # | Aktivieren | Dienstname | Aktion |
|---|---|---|---|
| Standardeinstellung | Ja | Beliebig | Immer ERLAUBEN |

Hinzufügen  Bearbeiten  Verschieben

**Eingehende Dienste**

| # | Aktivieren | Dienstname | Aktion | IP-Adresse des LAN- |
|---|---|---|---|---|
| 1 | ☑ | Torrent 2 | ALLOW always | 192.168.0.2 |
| 2 | ☑ | Torrent 1 | ALLOW always | 192.168.0.2 |
| Standardeinstellung | Ja | Beliebig | Immer SPERREN | Beliebig |

Ports freischalten: TCP 6881-6889 und TCP 6969. Sind Sie sich unsicher, wie das funktioniert? Auf der Webseite *http://www.port forward.com/routers.htm* finden Sie detaillierte Anleitungen zu fast allen Geräten – zwar in englischer Sprache, aber dafür reich bebildert.

Nachdem Sie die Grundeinstellungen vorgenommen haben, starten Sie den BitTorrent-Client. Klicken Sie zunächst auf *Anzeigen/Einstellungen*, um das Programm optimal zu konfigurieren. Wichtig für bessere Performance: Deaktivieren Sie unter der Registerkarte Netzwerk das Kontrollkästchen *Zur Verfügung stehende Bandbreite autodetekten* und setzen Sie

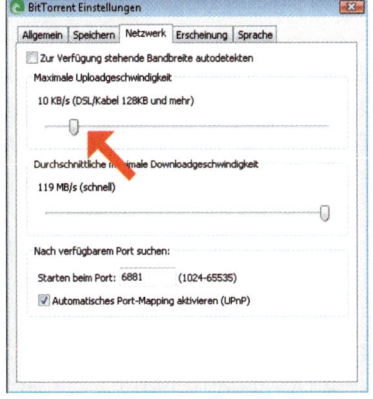

die Uploadgeschwindigkeit per Schieberegler auf etwa ein Viertel zurück – BitTorrent soll ja im Hintergrund laufen, und dabei Ihre Internetverbindung nicht zu sehr beanspruchen.

## Jetzt geht's los: Torrents finden und aus dem Internet saugen

Nun müssen Sie nur noch Torrents finden, die Ihnen zusagen – und die auch richtig funktionieren. Hierzu ist es gut, einige wichtige BitTorrent-Begriffe zu kennen:

- *Tracker*: Hierbei handelt es sich um einen Server, der nicht die eigentliche Datei zum Download zur Verfügung stellt, sondern nur Informationen darüber, wer am Up- bzw. Download der entsprechenden Datei beteiligt ist.

- *Leecher*: So bezeichnet man Nutzer, die eine Datei aus dem BitTorrent-Netzwerk saugen.

- *Seeder*: Nutzer, die eine Datei bereits fertig heruntergeladen haben und anderen Nutzern zum Download zur Verfügung stellen.

- *.torrent*: Eine Datei mit dieser Endung öffnen Sie mit Ihrem BitTorrent-Client. Sie enthält den Namen des Trackers, den Dateinamen usw. und ermöglicht es Ihnen, sich am Download einer Datei zu beteiligen.

Als Faustregel gilt: Je mehr Seeder für eine Datei zur Verfügung stehen, desto besser. Es ist ja nicht jeder rund um die Uhr im Internet, und bei nur einem Seeder müssten Sie für den Download

| DL | Files | S | L | Größe | Typ | Flag |
|----|-------|-----|-----|--------|-----|------|
| 106 | 1 | 24 | 77 | 152 MB | RAR | 🇩🇪 |
| 97 | 1 | 11 | 35 | 125 MB | RAR | 🇩🇪 |
| 57 | 1 | 0 | 66 | 546 MB | RAR | 🇩🇪 |
| 132 | 1 | 29 | 124 | 338 MB | RAR | 🇩🇪 |
| 73 | 1 | 18 | 31 | 208 MB | RAR | 🇩🇪 |

einer Datei immer warten, bis dieser einmal online ist. Auch viele Leecher sind von Vorteil, denn dadurch kann man Teile einer Datei gleichzeitig von Seeder und Leecher herunterladen und erreicht eine schnellere Download-Geschwindigkeit. Bei vielen Torrent-Downloadseiten ist die Anzahl der Seeder und Leecher jeweils angegeben, sodass Sie gleich herausfinden, ob eine Datei begehrt ist (und dadurch schneller auf Ihrem Rechner) oder ein Ladenhüter, dessen Download voraussichtlich ewig dauert.

Verwenden Sie wiederum die Suchmaschine Google, um gewünschte Torrent-Dateien ausfindig zu machen. Es ist kinderleicht: Fügen Sie Ihrer Suche nach Interpret, Songtitel oder Genre sowie dem Suchbegriff *mp3* einfach den zusätzlichen Suchbegriff *torrent* hinzu. In der Regel werden Sie dadurch blitzschnell fündig.

**Trick 17: MP3-Suche auf das Königreich Tonga begrenzen**

Zu viele nutzlose Ergeb-
nisse bei der Torrent-
Suche? Dann machen

Sie sich den folgenden Sachverhalt zunutze: Viele Torrent-Portale
verwenden die Top-Level-Domain *.to* (Königreich Tonga). Beschränken Sie Ihre Google-Suche mit dem zusätzlichen Suchbefehl *site:to*
auf diese Top-Level-Domain, um bessere Ergebnisse zu erzielen.

Haben Sie eine Da-
tei gefunden, de-
ren Download sich
lohnt? Dann spei-
chern Sie die zuge-
hörige Torrent-Datei
auf Ihrem Rechner
ab. Klicken Sie im
BitTorrent-Client auf
*Hinzufügen* und ge-
ben Sie den Spei-
cherpfad an, um die

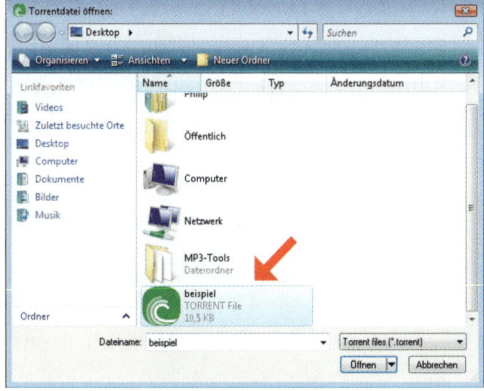

Datei zu öffnen. Der Download wird daraufhin initiiert, kann unter Umständen aber eine ganze Weile dauern.

Viele der heruntergeladenen Dateien werden übrigens mit Win-
RAR (Format *.rar*) gepackt. Zum Entpacken brauchen Sie dann
die kostenlose WinRAR-Software, die Sie unter *http://www.win
rar.de* finden.

## Auf die Schnelle: die besten Tipps & Tricks

MP3 im Internet suchen und finden, kostenlos oder gratis – mit
den folgenden Tipps & Tricks und Adressen kein Problem mehr:

■ *MP3s finden: in MP3-Shops, mit Google oder per Sound-suche*

Musik ohne digitales Rechtemanagement: Lieber MP3 kaufen als WMA, z. B. unter *http://www.mp3.de*.

Kostenlose MP3s mit der Suchmaschine Google finden: Verwenden Sie als Suchbegriffe *mp3* sowie Titel, Interpret oder Genre. Störende Suchergebnisse wie Handy-Klingeltöne & Co. schließen Sie durch einen dem störenden Begriff vorangestelltes Minuszeichen aus.

MP3s ohne Ende: Über 75.000 MP3-Dateien gibt es kostenlos unter der Adresse *http://music.download.com*.

Soundsuchmaschinen nutzen: Unter *http://www.altavista.de* starten Sie eine spezifische MP3-Suche und finden mit ein wenig Glück blitzschnell die gewünschte Datei. Weitere Soundsuchmaschinen machen Sie mit dem Suchbegriff *mp3-Suche* via Google ausfindig.

Nicht nur Musik: Hörbücher im MP3-Format herunterladen und auf den MP3-Player überspielen, z. B. unter *http://www.claudio.de* oder – zum Nulltarif – unter *http://www.vorleser.net*.

■ *Kostenlose MP3s per Filesharing ergattern – so einfach geht's*

Installieren Sie einen BitTorrent-Client auf Ihrem Rechner (Download z. B. unter *http://www.bittorrent.com/download*) und schalten Sie Ihre Firewall für den Austausch von Dateien frei.

Finden Sie die gewünschten Dateien mit Google, indem Sie einfach den zusätzlichen Suchbegriff *torrent* verwenden. Um die Suchergebnisse zu verbessern, kann es sich außerdem empfehlen, mit dem zusätzlichen Befehl *site:to* nur auf der Tonga-Domain zu suchen.

# 3. Völlig legal: Online-Radio mitschneiden und Titel als MP3-Dateien auf der Festplatte abspeichern

Sie wollen auch aktuelle Musik bekannter Interpreten zum Null-tarif, und das völlig legal? Das geht! Nehmen Sie die Songs ein-fach aus dem Radio auf. Dazu brauchen Sie heutzutage keinen Kassettenrekorder mehr – Ihr PC und eine einigermaßen schnel-le Internetverbindung genügen völlig.

---

**Ohne geht fast nix: vor dem Erstellen von MP3s LAME downloaden**

Bevor Sie selbst MP3-Dateien erstellen, la-den Sie sich – z. B. unter *http://www.chip. de/downloads/c1_downloads_13003295. html* – den MP3-Codec LAME kostenlos aus dem Internet. Auf dieser Software basieren sehr viele MP3-Programme. Entpacken Sie

| Download Infos | |
|---|---|
| Version: | 3.97 |
| Sprache: | Englisch |
| Downloadzahl: | 857050 |
| Autor: | The LAME Project |
| Betriebssystem: | Alle Betriebssysteme |

die heruntergeladene Datei einfach in einen Programmordner auf der Festplatte, um Programmen den Zugriff darauf zu ermöglichen.

---

**Live-Radio ohne Rauschen: So finden Sie die besten Radiostationen im WWW**

Online-Radio macht nur dann wirklich Sinn, wenn Sie über eine Internet-Flatrate verfügen, also für einen Pauschalbetrag rund um die Uhr im Internet surfen können. Ist dies gegeben, bietet das Online-Radio viele Vorteile gegenüber dem Radio-Empfang via Äther: rauschfreie Übertragung, eine riesigen Auswahl (auch Sender aus Übersee & Co.) sowie eine ganze Reihe von Konfigurations- und Planungsmöglichkeiten. Vor allem: Songs lassen sich direkt als MP3-Dateien auf die Festplatte ziehen.

Fast jede Radiostation sendet inzwischen einen Live-Stream im Internet – allerdings gibt es qualitative Unterschiede. Um den Live-Stream eines bestimmten Senders zu starten, besuchen Sie dessen Webseite und klicken dort auf den entsprechenden Link. Oder Sie greifen auf eine von anderen zur Verfügung gestellte Sammlung von Radiostationen zurück. Sehr umfangreich und empfehlenswert: *http://www.surfmusik.de*. Hier finden Sie nicht nur Radiostationen aller Kontinente, sondern können auch den amerikanischen Polizeifunk abhören und einiges mehr.

Um die gewünschte Radiostation ausfindig zu machen, klicken Sie sich einfach durch die Kategorienliste und wählen einen Sen-

der aus. Es ist jeweils angegeben, ob nur ein Modem- oder auch ein DSL-Live-Stream zur Verfügung steht. Letzterer bietet eine wesentlich bessere Soundqualität und ist für MP3-Aufnahmen unbedingt zu empfehlen. Der Stream wird in einem Pop-up geöffnet – Pop-ups müssen für diese Webseite also zugelassen werden.

**Radio einschalten per Doppelklick: Wunschsender ganz einfach auf dem Desktop ablegen**

Wenn Sie einen Lieblingssender haben, wäre es unsinnig, sich ständig durch mehrere Webseiten zu klicken, um einen Live-Stream zu öffnen. Starten Sie diesen stattdessen direkt vom Desktop aus. Hierzu benötigen Sie die URL des Live-Streams (Stream im Windows Media Player öffnen; URL per Strg+C aus den *Eigenschaften* kopieren). Öffnen Sie unter *Alle Programme/Zubehör* den *Editor* und fügen Sie die URL dort per Strg+V ein. Speichern Sie das Ganze als *.asx*-Datei auf dem Desktop ab. Fertig! Bei einem Real Media Stream verfahren Sie in analoger Weise, wobei Sie diesen jedoch im Real Player öffnen, und die URL als *.rm*-Datei speichern.

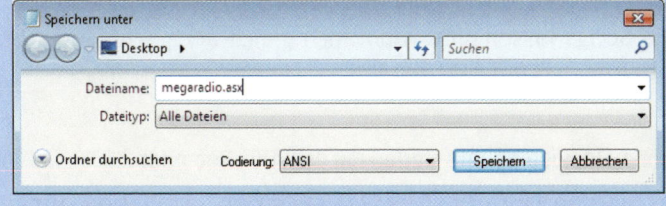

## Mit diesem Tool ganz einfach: Wunschsongs aus dem Web aufnehmen

Einen Live-Stream könnten Sie nun manuell von der Soundkarte mitschneiden, wie es im siebten Kapitel dieses Buches beschrieben wird. Es geht jedoch wesentlich komfortabler: Nutzen Sie ein Programm zum Verwalten von Live-Streams und zum Mitschneiden einzelner Songs. Es stehen hierfür eine Reihe von Gratistools zur Verfügung, z. B. der RadioRipper *(http://www.radioripper. net)* oder das Programm *online TV 3*, das Sie unter *http://www.on linetv3.de* herunterladen. So ein richtig gescheites Freeware-Tool, das wirklich überzeugt, findet sich allerdings nicht.

Sehr empfehlenswert ist hingegen der „DSL Radio-Recorder 2.0" von DATA BECKER. Die Investition von knapp 10 Euro lohnt sich in jedem Fall. Eine Demoversion des Pro-

gramms zum kostenlosen Testen für drei Tage laden Sie unter *http://www.databecker.de/kategorie_82.html* aus dem Internet. Die Software hat es in sich:

- ■ Tausende Radiostationen sind bereits vorkonfiguriert, weitere Sender lassen sich problemlos hinzufügen.

- ■ Die Aufnahmen lassen sich sehr bequem starten und verwalten; mithilfe von Filter und Timer müssen Sie nicht mal am PC sitzen, um einen Song bzw. eine Sendung aufzuzeichnen.

- ■ Die Songs lassen sich dann auch gleich noch schneiden, bearbeiten und auf CD brennen.

### So geht's: Radioaufnahme starten mit dem DSL-Recorder 2.0

Wenn Sie den DSL-Recorder 2.0 nach der Installation öffnen, könnten Sie zunächst einen kleinen Schreck bekommen, weil die Benutzeroberfläche recht kompliziert aussieht. Oben sehen Sie die von fast allen Programmen gewohnte Menüleiste mit den zusätzlichen Registerkarten *Recorder* und *Aufnahmen* zum Schnellen Umschalten (**1**). Den größten Teil der Benutzeroberfläche nimmt eine Senderliste ein, in der sich einige vorkonfigurierte Radiostationen finden (**2**); darunter befindet sich eine Funktionsleiste für

Aufnahme, Pause etc. (**3**). Das Fenster rechts schließlich dient zur Konfiguration von Sendern und Aufnahmen (**4**).

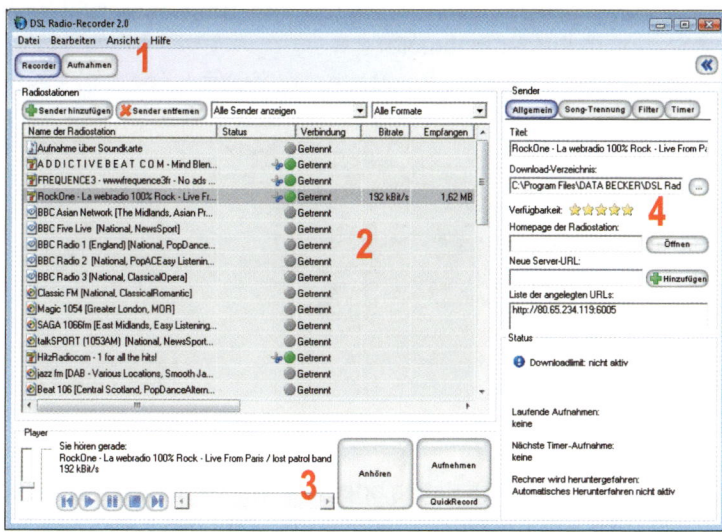

Los geht's: Radiostation auswählen, Live-Stream anhören und Songs oder ganze Sendungen mitschneiden. Die folgende Anleitung zeigt, wie es geht:

**1** Wählen Sie zunächst den gewünschten Radiosender aus. Befindet sich dieser in der Recorder-Liste, selektieren Sie ihn per einfachen Mausklick. Wenn der gewünschte Sender nicht dabei ist, klicken Sie oberhalb der Liste auf den Button *Sender hinzufügen*.

**2** Geben Sie einen beliebigen Suchbegriff ein, um nach einer Radiostation zu suchen, am besten klappt es mit der Suche nach bestimmten Musikrichtungen. Sollte bei der lokalen Suche nicht das gewünschte Ergebnis geliefert werden, suchen

Sie online (Registerkarte *Shoutcast-Suche*), ansonsten bleibt immer noch die manuelle Eingabe der URL des Radio-Streams (Registerkarte *Manuell*). Per Doppelklick transferieren Sie eine Station in Ihre Aufnahmeliste.

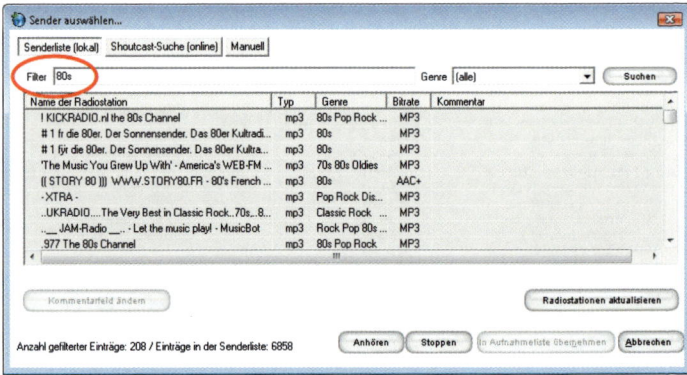

**3** Manuell Songs aufnehmen oder einfach nur Radio hören? Selektieren Sie dazu einen Sender in der Stationen-Liste und wählen Sie in der Funktionsleiste unten den entsprechenden Button.

**4** Nach dem Stoppen der Aufnahme steht die MP3-Datei im Standard-Downloadverzeichnis zum Abruf zur Verfügung. In den DSL-Recorder 2.0 ist zusätzlich eine Aufnahmen-Verwaltung integriert, die Sie unter der Registerkarte *Aufnahmen* unterhalb der Menüleiste abrufen.

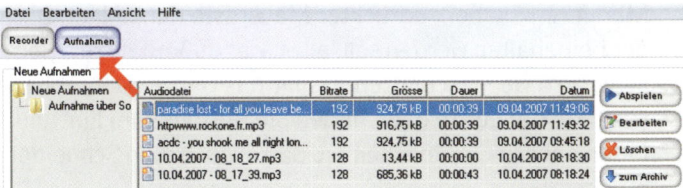

## Mitschnitte direkt im Musik-Ordner speichern –
## So einfach geht's

Standardmäßig werden die Radio-Mitschnitte vom DSL-Recorder 2.0 im Programmordner abgespeichert. Legen Sie sie stattdessen direkt im Benutzerordner *Musik* ab. Klicken Sie dazu auf *Datei/Programm-Einstellungen*. Unter der Registerkarte *Allgemein* geben Sie das neue Standard-Downloadverzeichnis sowie das Standard-Archivverzeichnis an.

**5** Ansagetexte wegschneiden? Selektieren Sie dazu einen Song und klicken Sie in der Aufnahmen-Liste auf den Button *Bearbeiten*. Die Sounddatei wird grafisch dargestellt.

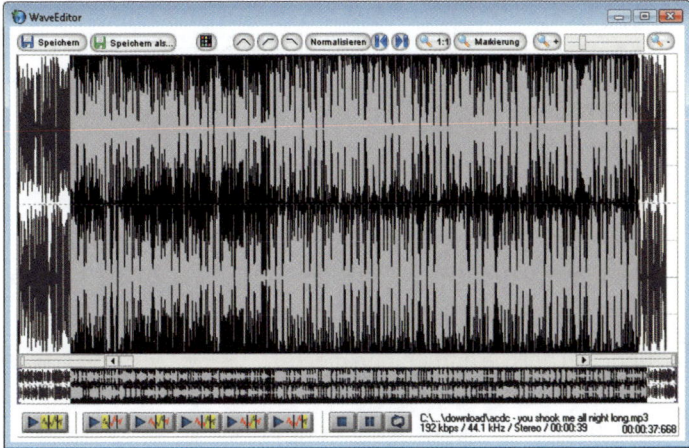

Markieren Sie bei gedrückter Maustaste denjenigen Bereich, der beibehalten werden soll, alles, was außerhalb des Bereichs liegt, wird weggeschnitten. Damit das Ganze nicht abgehackt klingt: In der Leiste oben finden Sie Buttons zum Ein- und Ausfaden der Musik – machen Sie davon nach dem Schneiden Gebrauch.

## Wichtige Termine? – Lassen Sie eine Sendung oder bestimmte Songs automatisch aufzeichnen

Radio hören und bei Bedarf manuell auf den Aufnahme-Button klicken. Das erinnert an den guten alten Kassettenrekorder – so ganz das Wahre ist das aber noch nicht. Machen Sie stattdessen Folgendes: Lassen Sie Ihren PC zehn Radiosender gleichzeitig abhören und Songs nach Ihren individuellen Vorgaben aufzeichnen. Innerhalb kürzester Zeit bringen Sie es dadurch auf eine stattliche MP3-Sammlung. So funktioniert es:

**1** Oberhalb der Stationen-Liste befindet sich ein Format-Filter in Form eines Drop-down-Menüs. Entscheiden Sie sich hier für die Option *nur MP3*.

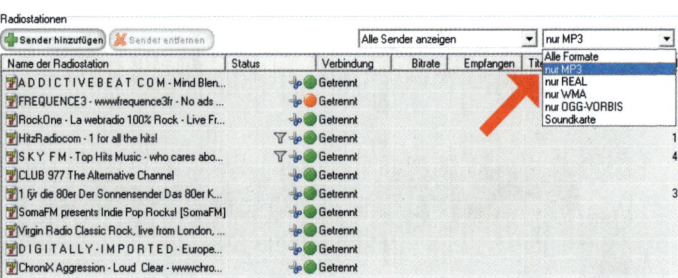

**2** Selektieren Sie nun eine Radiostation, von der Sie aufnehmen möchten. Im Fenster links klicken Sie anschließend auf die Registerkarte *Filter*.

**3** Aktivieren Sie das Kontrollkästchen *Song-Filter aktivieren* sowie den Radio-Button *Whitelist*. Außerdem aktivieren Sie das Kontrollkästchen *Aufgenommene Songs autom. in Blacklist eintragen* (um doppelte Aufnahmen zu verhindern). Per *Hinzufügen*-Button erstellen Sie nun eine Aufnahme-Wunschliste – entweder den Namen eines Interpreten, einen Songtitel oder sonstige Schlagwörter.

**4** Wenn Sie von mehreren Radiostationen aufnehmen, müssen Sie den Filter nicht für jeden Sender neu erstellen. Klicken Sie stattdessen unterhalb der Filter-Liste auf den Button *Mit anderen Radiostationen synchronisieren*. Aktivieren Sie die Kontrollkästchen derjenigen Sender, die den erstellten Filter übernehmen sollen. Um eine Synchronisierung mit allen Sendern vorzunehmen, wählen Sie einfach *Alle Markieren*. Bei diesem Vorgang werden nur die Filter-Einträge übernommen – die Aktivierung des Whitelist-Filters müssen Sie für jede Radiostation extra vornehmen.

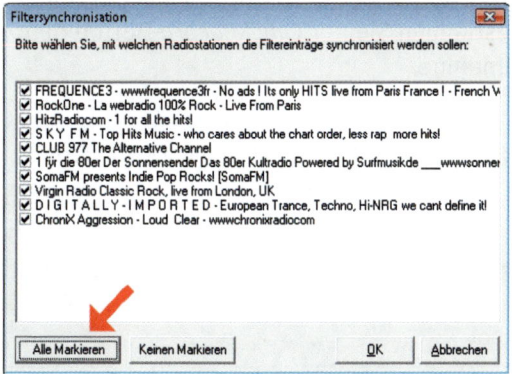

**5** Selektieren Sie nun die einzel-nen Sender in der Stationen-Liste und kli-

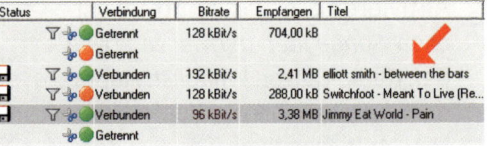

cken Sie jeweils unten auf den *Aufnehmen*-Button. Der Com-puter wird eine Aufnahme automatisch nur dann durchführen, wenn einer der Filter-Begriffe im Interpreten-Namen, Songtitel etc. vorkommt.

## Nie wieder das Krimi-Hörspiel verpassen – So programmieren Sie den Timer

Sie möchten eine gan-ze Sendung aufzeich-nen, sind zu diesem Zeitpunkt aber nicht zu Hause? Kein Problem: Ihr PC übernimmt das für Sie. Selektieren Sie dazu den gewünschten Radio-

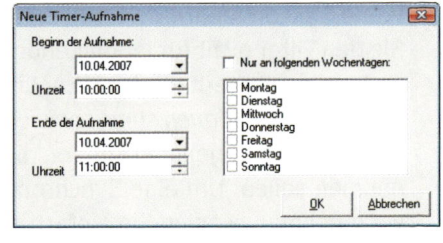

sender in der Stationen-Liste. Im Fenster rechts entscheiden Sie sich dann für die Registerkarte *Timer*. Betätigen Sie den *Hinzufü-gen*-Button und geben Sie Start- und Endzeitpunkt der Aufnahme ein. Alternativ bestimmen Sie per *QuickRecord*-Button den Zeit-rahmen einer Aufnahme.

---

**Strom sparen: Rechner automatisch herunterfahren**

Die Radiosendung läuft bis morgens um drei? Lassen Sie Ihren Computer anschließend automatisch herunterfahren. Klicken Sie dazu auf *Datei/Programm-Einstellungen*. Unter der Registerkarte *Automatisches Herunterfahren* geben Sie an, wann der PC abge-schaltet werden soll.

---

## Podcasts aus dem Internet ziehen – So funktioniert's

Neben dem Online-Radio sind in letzter Zeit mehr und mehr die sogenannten Podcasts in Mode gekommen. Das sind Dateien (MP3, manchmal aber auch Videos), die von privat, von Radio-stationen usw. erstellt und online zur Verfügung gestellt werden – und zwar zu allen möglichen Themen vom Hör-Krimi bis zum Rei-sebericht. Eine umfangreiche Podcast-Sammlung finden Sie unter *http://www.podcast.de*. Klicken Sie in der Navigationsleiste links auf *Kategorienübersicht* und suchen Sie nach einem Thema, das Sie interessiert. Achten Sie jeweils auf die Bewertung des Pod-casts durch andere Nutzer.

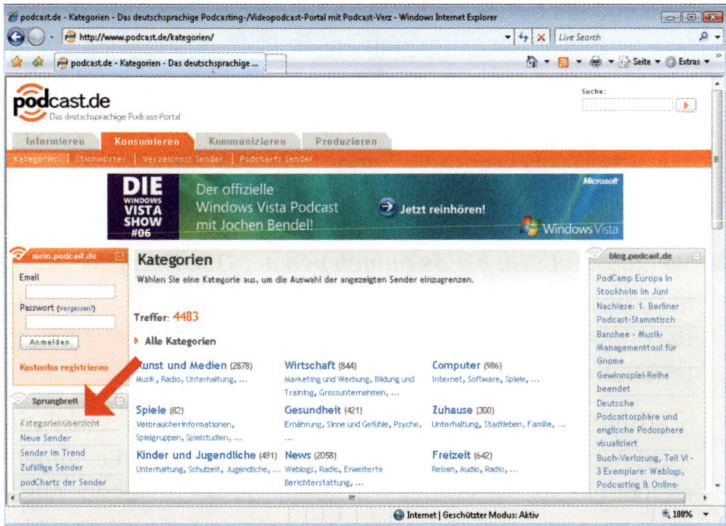

Öffnen Sie die Webseite des Anbieters (bzw. im Internet Explorer 7 auch den angegebenen RSS-Feed), um die ent-sprechenden Dateien zu öffnen oder – per rechtem Maus-klick und *Ziel speichern unter* – herunterzuladen. Alternativ öffnen bzw. downloaden Sie eine Wiedergabeliste (PLS oder M3U), um den aktuellen Podcast wie einen Radiosender zu streamen.

Export
RSS
PLS
M3U
XSPF

## Auf die Schnelle: die besten Tipps & Tricks

Aktuelle Songs aus Charts & Co. völlig legal als MP3 auf den Rechner ziehen – dank Online-Radio ist das kein Problem mehr:

■ *Online-Radio: die besten Sender finden, Songs mitschneiden*

Fast jede Radiostation sendet inzwischen einen Live-Stream im Internet. Sie finden in der Regel einen entsprechenden Link auf der Webseite der jeweiligen Radiostation.

Noch einfacher geht es unter *http://www.surfmusik.de*. Auf dieser Webseite finden Sie Tausende Radiostationen aus Deutschland und aller Welt. Selbst Radiosender aus Afrika und Übersee werden störungsfrei empfangen.

Online-Radio aufnehmen – erstellen Sie dazu einfach Mitschnitte von der Soundkarte (siehe Kapitel 7) oder verwenden Sie Freeware-Tools wie RadioRipper (*http://www.radioripper.net*) oder online TV 3 (*http://www.onlinetv3.de*).

■ *Vollautomatisch: MP3s aufnehmen mit DSL-Recorder 2.0*

In Sachen Online-Radio kaum zu schlagen: die Software DSL-Recorder 2.0, die Sie unter *http://www.databecker.de* herunterladen (eine 3-Tage-Demo gibt's gratis).

Starten Sie Aufnahmen von beliebigen Sendern – auch von mehreren Sendern gleichzeitig – und speichern Sie die Aufnahmen direkt als MP3-Dateien in Ihrem Musik-Ordner ab. Ansagetexte lassen sich mit einem integrierten Schneidetool kinderleicht beseitigen.

Sie möchten automatisch nur bestimmte Songs aufnehmen? Dann erstellen Sie einen Filter mit den entsprechenden Begriffen – es werden dann nur solche Songs aufgezeichnet, die dem Filter entsprechen. Auch das Timen von Aufnahmen ist mit DSL-Recorder 2.0 überhaupt kein Problem.

# 4. Mit wenigen Handgriffen: MP3-Dateien aus anderen Musik-Formaten erstellen

Wenn Sie im WWW nach einem bestimmten Song suchen, werden Sie diesen unter Umständen nur in einem anderen Format als MP3 ausfindig machen. Kein Problem, wenn Sie den Song nur auf dem Rechner abspielen lassen möchten – aber mit dem Transfer auf den MP3-Player, evtl. auch mit dem Brennen als Audio-CD ist es vorbei. Dazu müssen Sie aus der Sounddatei zunächst eine MP3-Datei erstellen. Wie Sie es richtig machen, lesen Sie in diesem Kapitel.

## Muss man kennen: Sounddateitypen und ihre Vor- und Nachteile

Im Zusammenhang mit der Soundsuche via Google wurden die häufigsten Sounddateitypen bereits erwähnt: neben MP3 sind das WMA, RM und WAV. Es gibt jedoch noch viele weitere Dateitypen – und fast alle haben einen oder mehrere Vor- aber auch Nachteile. Hier eine Vorstellung wichtiger Dateitypen, die Alternativen zum MP3-Format darstellen können:

- **WAV**: das Standardformat für unkomprimierte Audiodaten – leider aber mit entsprechendem Speicherbedarf. Durch die nicht komprimierte Form ist die Soundbearbeitung einfacher (viele MP3-Bearbeitungstools konvertieren deshalb ein File zunächst ins WAV-Format und nach der Bearbeitung wieder zurück ins MP3-Format, was allerdings seine Zeit dauert).

- **WMA**: Dieses Microsoft-Format entspricht für den Nutzer prinzipiell dem MP3-Format und kann inzwischen auch von den meisten MP3-Playern abgespielt werden. Vorteil des Formats sind die Anwendungsmöglichkeiten unter Windows. Über den großen Nachteil von WMA wurde bereits einiges geschrieben:

Häufig werden die WMA-Files mit einem lästigen Kopierschutz versehen.

■ **RA** bzw. **RAM**: Das **R**eal**A**u-dio-File entspricht in der Art seiner Komprimierung prin-zipiell ebenfalls dem MP3- oder WMA-Standard. Es findet häufig Anwendung – z. B. für Hörproben in

CD-Shops –, allerdings ist zum Abspielen der (kostenlose) Re-alPlayer erforderlich; das Abspielen klappt auch mit einigen alternativen Programmen, jedoch nicht mit dem Windows Me-dia Player (Download des RealPlayers unter *http://www.real. com*).

■ **AAC**: Dieses Format (**A**dvanced **A**udio **C**oding) gilt als Fortent-wicklung des MP3-Formats und bietet bessere Kompressions-qualität – konnte sich bislang allerdings nicht wirklich als Stan-dard durchsetzen.

■ **Ogg Vorbis**: für Entwickler eine lizenzfreie Alternative zum MP3- Format. Vorbis-Dateien kommen z. B. in der freien Enzyklopädie Wikipedia zum Einsatz – wer weiß, vielleicht kommt der große Vorbis-Boom ja noch.

■ **MIDI**: Große klangliche Sprünge sind mit dem **M**usical **I**nstru-ment **D**igital **I**nterface nicht möglich – das Format eignet sich eher, um einfache Klänge mit wenig Speicherbedarf in die ei-gene Homepage einzubinden.

■ **AIFF**: das Apple-Standardformat. Als Windows-Nutzer haben Sie damit nichts am Hut.

## Mit diesen Tools kein Problem: Sounddateien mit wenigen Handgriffen ins MP3-Format konvertieren

Egal, über welche Art Sounddatei Sie verfügen: Sofern sie sich auf Ihrem PC abspielen lässt, können Sie sie auch ins MP3-Format bringen – im Zweifelsfall einfach dadurch, dass Sie einen Song etc. über die Soundkarte mitschneiden. In den meisten Fällen wird dies aber nicht notwendig sein, da sich eine Reihe leistungsstarker Konvertierungsprogramme – sogenannter MP3-Encoder – als Freeware oder Shareware im Internet findet.

Zum Konvertieren von WAV-Dateien ins MP3-Format benötigen Sie nicht mal zusätzliche Software. Verwenden Sie stattdessen einfach das zuvor bereits heruntergeladene LAME (Sie finden die Software z. B. hier: *http://www.chip.de/downloads/c1_down loads_13003295.html*). Das heißt, ganz so einfach ist es doch wieder nicht – die Nutzung von LAME erfolgt nämlich über die Kommandozeile:

1  Kopieren Sie die Datei *lame.exe* sowie die zu konvertierende WAV-Datei in den Ordner *Benutzer/Benutzername* (bzw. unter Windows XP: *Dokumente und Einstellungen/Benutzername*).

Alternativ können Sie auch in der Kommandozeile, sofern Sie über die entsprechenden Kenntnisse verfügen, per *CD*-Befehl einen anderen Ordner angeben.

**2** Entscheiden Sie sich unter *Alle Programme/ Zubehör* für den Eintrag *Eingabeaufforderung*.

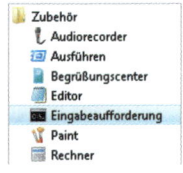

**3** Zum einfachen Konvertieren genügt nun die Eingabe *lame <dateiname>.wav dateiname. mp3*, also z. B. „lame test.wav test.mp3".

```
Eingabeaufforderung                                    _ □ X
Microsoft Windows [Version 6.0.6000]
Copyright (c) 2006 Microsoft Corporation. Alle Rechte vorbehalten.

C:\Users\Philip>lame test.wav test.mp3
LAME 3.97 32bits (http://www.mp3dev.org/)
CPU features: MMX (ASM used), SSE (ASM used), SSE2
Using polyphase lowpass filter, transition band: 16538 Hz - 17071 Hz
Encoding test.wav to test.mp3
Encoding as 44.1 kHz 128 kbps j-stereo MPEG-1 Layer III (11x) qual=3
    Frame          | CPU time/estin | REAL time/estin | play/CPU |      ETA
  6796/6796 (100%)|   0:13/    0:13|   0:13/    0:13| 13.507x|   0:00
------------------------------------------------------------------------
    kbps       LR    MS  %       long switch short %
   128.0     58.1  41.9       100.0   0.0    0.0
Writing LAME Tag...done
ReplayGain: -5.7dB

C:\Users\Philip>_
```

**4** Die erstellte MP3-Datei findet sich im gleichen Ordner (also im Benutzerordner, wenn Sie den obigen Anordnungen gefolgt sind). Die WAV-Datei wird nicht gelöscht – es empfiehlt sich, diese manuell zu löschen, um Speicherkapazität zu sparen; wie bereits erwähnt, benötigt die unkomprimierte Datei etwa zehnmal so viel Speicherplatz wie die MP3-Datei.

Für LAME steht eine stattliche An-zahl zusätzlicher

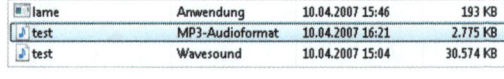

Befehle zur Verfügung, z. B. um die Bitrate festzulegen usw. Auf diese Befehle wird hier deshalb nicht näher eingegangen, weil auf LAME basierende MP3-Software eine wesentlich komfortablere Anwendung von LAME ermöglicht. Sollten Sie die MP3-Bearbeitung per Kommandozeile bevorzugen: Mit dem Befehl *lame -long help* rufen Sie alle zur Verfügung stehenden Optionen auf.

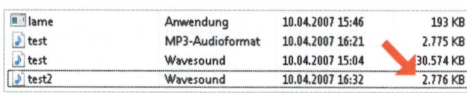

## Und so bekommen Ihre MP3-Dateien wieder das WAV-Format

Vielleicht möchten
Sie für bestimmte
Verwendungen eine

| lame | Anwendung | 10.04.2007 15:46 | 193 KB |
| test | MP3-Audioformat | 10.04.2007 16:21 | 2.775 KB |
| test | Wavesound | 10.04.2007 15:04 | 30.574 KB |
| test2 | Wavesound | 10.04.2007 16:32 | 2.776 KB |

MP3-Datei ins WAV-Format bringen? Auch hierzu verwenden Sie
LAME – der Befehl lautet entsprechend *lame dateiname.mp3
dateiname.wav*. Dabei wird nur der Dateityp verändert; die Komprimierung – und damit die geringe Dateigröße – bleiben weit-
gehend erhalten.

## Keine Lust auf Kommandozeile? – Mit RazorLame geht es leichter

Zugegeben: Die MP3-Erstellung über die Kommandozeile wirkt
zwar professionell, ist aber nicht jedermanns Sache. Greifen Sie
besser auf die kostenlose Software RazorLame zurück, die die
Funktionalität der LAME-Software mit einer einfach zu bedienenden Benutzeroberfläche verknüpft. Das Tool RazorLame finden
Sie unter der Webadresse *http://www.dors.de/razorlame*.

Bevor Sie das Programm zur
MP3-Erstellung nutzen können,
müssen Sie angeben, wo Sie
LAME gespeichert haben. Ge-

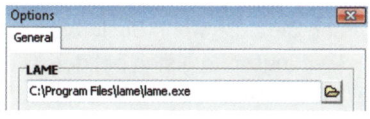

ben Sie den entsprechenden Dateipfad unter *Edit/Options* an.

Unter *Edit/LAME Options* nehmen Sie als Nächstes Einstellungen zur Qualität der erstellten MP3-Dateien vor (z. B. höhere Bitrate für bessere Qualität), außerdem geben Sie ggf. einen Dateipfad zum Speichern der erstellten MP3-Datei an, die ansonsten im gleichen Ordner wie die WAV-Datei abgelegt wird. Unter der Registerkarte *Advanced* legen Sie fest, dass eine WAV-Datei nach der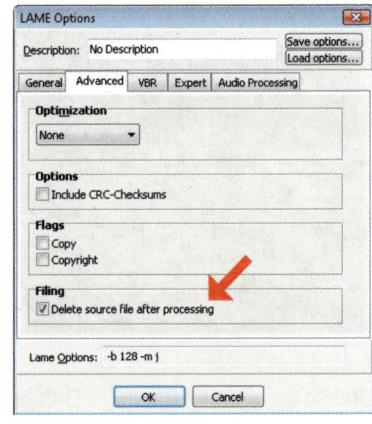
Umwandlung ins MP3-Format automatisch gelöscht wird – Sie sparen sich dadurch das manuelle Löschen.

Das Umwandeln der Dateien von MP3 nach WAV bzw. WAV nach MP3 mit Razor-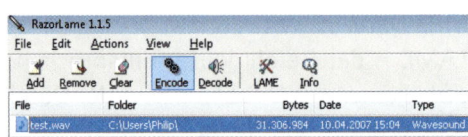
Lame ist sehr einfach. Betätigen Sie in der Symbolleiste den *Add*-Button, um eine oder mehrere zu konvertierende Dateien auszuwählen. Klicken Sie dann auf den *Encode*-Button, um eine WAV-Datei ins MP3-Format zu konvertieren bzw. auf den *Decode*-Button, um eine MP3-Datei in eine WAV-Datei zu verwandeln.

## Wunschmusik bei der Windows-Anmeldung – so geht's

Eine MP3-Datei ins WAV-Format konvertieren – das müssen Sie z. B., wenn Sie Ihren Lieblingssong gleich bei der Windows-Anmeldung oder bei einem anderen Programmereignis hören möchten. Klicken Sie dazu in der *Systemsteuerung* unter *Hardware und Sound* auf *Systemsounds ändern* (unter Windows XP: *Systemsteuerung/Sounds.../Soundschema ändern*). Selektieren Sie dort ein Programmereignis und geben Sie per Klick auf *Durchsuchen* den Pfad zur neuen WAV-Datei an.

### WMA, RA & Co. – weitere Dateitypen ins MP3-Format konvertieren

Leider beschränkt sich LAME auf die Konvertierung von WAV-Files. Um auch andere Sounddateien ins MP3-Format zu verfrachten, verwenden Sie die Software Switch, Die Sie unter *http://www.nch. com.au/switch* aus dem Internet laden. Installieren Sie die kostenlose Basisvariante, die genügt völlig. Zum Konvertieren einer bzw. mehrerer Sounddateien gehen Sie wie folgt vor:

**1** Starten Sie zunächst Switch. Klicken Sie auf den Button *Encoder Options*, um ggf. Einstellungen zur Soundqualität vorzunehmen. Die Standard-Bitrate (128 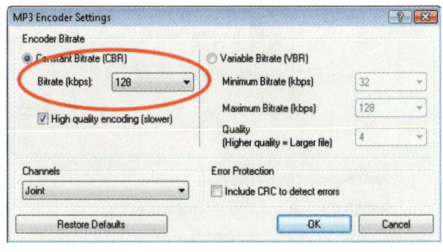 kbps) kann ansonsten auch beibehalten werden.

**2** Klicken Sie in der Symbolleiste von Switch auf *Add File(s)*, um eine oder mehrere Sounddateien für die Konvertierung vorzubereiten. Das klappt mit fast allen Formaten, teilweise 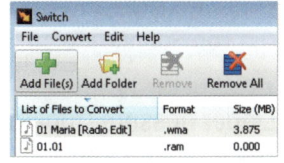 auch mit solchen, die vom Programm gar nicht angegeben werden – Probieren geht über Studieren! Selbstverständlich lassen sich auch WMA-Files ins MP3-Format verfrachten, allerdings nur dann, wenn diese nicht DRM-geschützt sind.

**3** Unterhalb der Dateien-Liste bestimmen Sie nun noch das Ausgabeformat (neben MP3 stehen eine Menge weiterer Formate zur Verfügung) sowie den Ordner, in dem die konvertierte Datei abgespeichert werden soll (*Output Folder*).

**4** Abschließend brauchen Sie nur noch in der Symbolleiste (bzw. in der Funktionsleiste unten) auf den Button *Convert* zu klicken, um die Konvertierung zu starten.

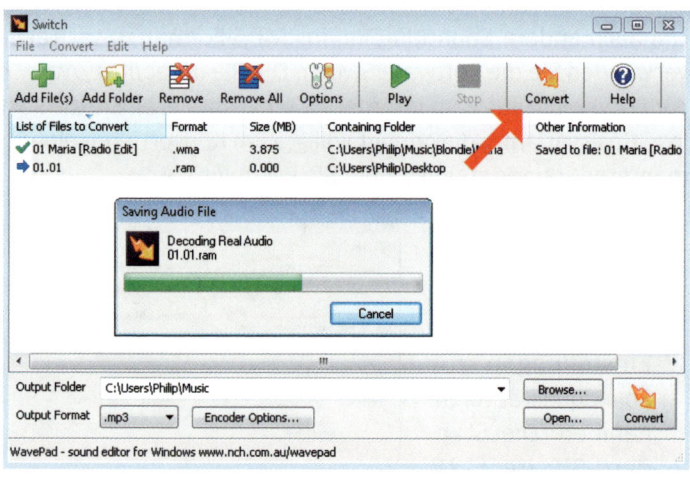

Sie stellen fest: Das Freeware-Tool Switch ist eine Klasse für sich – es wird sich schwerlich ein besseres Programm zum Konvertieren von Sounddateien finden lassen!

## Lieber bessere Qualität oder kleinere Dateien? – Die optimale Bitrate

Wer sich mit MP3-Dateien beschäftigt, kommt am Thema „Bitrate" nicht vorbei. Hierunter versteht man die Menge von Daten, die – in diesem Fall – beim Abspielen einer MP3-Datei fließen. Logischerweise ist die Qualität einer MP3-Datei größer, je mehr

Daten fließen, allerdings hat eine hohe Bitrate wiederum den Nachteil, dass die MP3-Datei mehr Speicher benötigt. Die Angabe der Bitrate erfolgt in Bit pro Sekunde (bps) bzw. Kilo-Bit pro Sekunde (kbps).

Eine MP3-Datei in CD-Qualität entspricht einer Bitrate von 192 kbps. Diese Quali-

| Audio | |
|---|---|
| Bitrate | 192 kBit/s |

tät bieten in der Regel MP3-Shops, wenn Sie dort Dateien herunterladen. Eine Bitrate von 128 kbps hingegen wird gern mit der Qualität von Audio-Kassetten verglichen. Falls Sie nicht gerade über ein absolutes Gehör verfügen, werden Sie allerdings kaum Unterschiede zu einer MP3-Datei mit 192 kbps feststellen können. Bitraten zwischen 128 und 192 kbps sind in jedem Fall ideal für MP3-Dateien. Höhere Bitraten sind nicht notwendig! Und wenn die Bitrate niedriger ist als 128 kbps? In manchen Fällen – z. B. bei Aufnahmen von bestimmten Radiostationen, die nur mit 56 kbps streamen – wird sich das nicht umgehen lassen. Man hört die schlechtere Qualität dann einfach raus. Für den Hausgebrauch ist das aber kein Problem, solange Ihre Ohren mitspielen.

### Die Qual der Wahl: konstante oder variable Bitrate?

Viel Lärm um (fast) nichts: Das ist auf den Punkt gebracht die Quintessenz der gern geführten Diskussion über konstante oder variable Bitraten. Bei der Erstellung

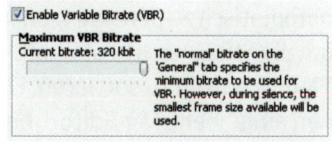

von MP3-Dateien werden in der Regel beide Varianten – die konstante Bitrate (CBR) und die variable Bitrate (VBR) – angeboten. Während die konstante Bitrate die zuvor festgelegte Bitrate auf die komplette MP3-Datei anwendet, geht die variable Bitrate intelligent vor, indem Sie die Bitrate nach den zugrunde gelegten Soundpassagen richtet. Das hört sich natürlich prima an, spart aber im Endeffekt nur rund ein Prozent Speicherkapazität – dafür dauert das Erstellen der MP3-Datei länger.

**Und was hat es mit der Abtastrate auf sich?**

Auch die sogenannte Abtastrate hat einen Einfluss auf die Soundqualität. Sie bezeichnet die Häufigkeit, mit der Audiowellen innerhalb
eines bestimmten Intervalls digital erfasst werden. Die Standard-Ab-
tastrate liegt bei 44,1 kHz. Verwenden Sie diese Abtastrate, falls Sie
bei der MP3-Erstellung mal danach gefragt werden sollten.

## MP3s schneller finden: So versehen Sie Ihre MP3-Dateien mit nützlichen Zusatzinformationen

Sehr nützlich, wenn es darum geht, Dateien in größeren Musik-Sammlungen schnell wiederzufinden: Versehen Sie Ihre MP3-Dateien mit Zusatzinformationen,
sogenannten ID3-Tags (ID3 steht für Identify an MP3)
– Titel, Interpret, Album, Genre usw.

Diese Informationen finden sich
dann in den Eigenschaften der
Datei und können dazu einge-
setzt werden, um MP3-Dateien
automatisch zu benennen oder
um die MP3s nach bestimmten
Eigenschaften zu sortieren. Einen einfachen „Tag-Editor" bekommen Sie unter Windows Vista bzw. Windows XP frei Haus
mitgeliefert. Klicken Sie eine
MP3-Datei einfach mit der rechten Maustaste an und wählen
Sie *Eigenschaften*. Entscheiden
Sie sich für die Registerkarte
*Details* (unter XP: *Dateiinfo*).

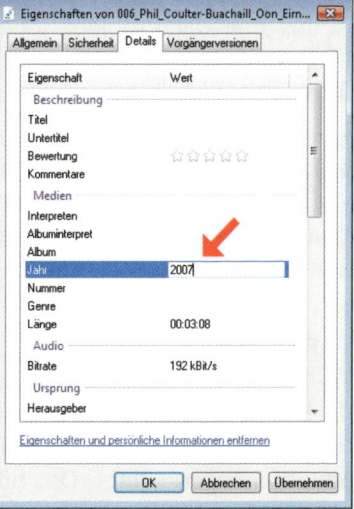

Bewegen Sie den Mauszeiger zum gewünschten Abschnitt und versehen Sie die MP3-Datei mit einer Zusatzinformation.

Besonders dann, wenn Sie viele MP3-Dateien mit Tags versehen möchten, ist das Bearbeiten der Datei-Eigenschaften zu umständlich. Greifen Sie in diesem Fall besser auf die Freeware Audio Tagging Tools zurück, die Sie unter *http://www.audiotaggingtools.de* herunterladen. Um damit eine oder mehrere MP3-Dateien mit Zusatzinformationen zu versehen, gehen Sie wie folgt vor:

**1** Importieren Sie zuerst die MP3-Dateien, die Sie bearbeiten möchten. Hierzu klicken Sie in der Menüleiste auf *Datei* und wählen entweder den Eintrag *Dateien aus Ordnern*

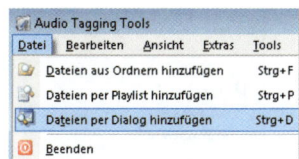

*hinzufügen* (importiert alle in einem Ordner und den jeweiligen Unterordnern enthaltenen MP3-Dateien), *Dateien per Playlist hinzufügen* (importiert MP3-Dateien aus einer Wiedergabelisten) oder *Dateien per Dialog hinzufügen* (um einzelne MP3-Dateien zu importieren).

**2** Doppelklicken Sie auf eine MP3-Datei in der Liste, um das Bearbeitungsfenster zu öffnen. Wenn Sie mehrere Dateien gleichzeitig bearbeiten möchten, selektieren Sie diese per Kontrollkästchen. Klicken Sie dann eine der Dateien mit der rechten Maustaste an und wählen Sie *Ausgewählte Einträge/Im Tag Editor bearbeiten*.

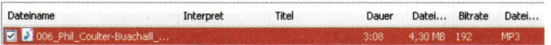

**3** Im Bearbeitungsfenster erstellen Sie entweder manuell oder – per Button *Create Filename* auf Grundlage der vorhandenen Tags – einen neuen Namen für die MP3-Datei (**1**). Oder Sie nutzen umgekehrt den Dateinamen, der häufig wichtige Informationen beinhaltet, um mit der *Autofill*-Funktion (**2**) entsprechende Tags zu erstellen. Weitere Tags erstellen Sie manuell

(**3**). Speichern Sie das Ganze anschließend ab, indem Sie die Schaltfläche *Tag Speichern* betätigen (**4**). Sofern Sie mehrere MP3-Dateien gleichzeitig bearbeiten, klicken Sie auf *Nächste Datei*, um mit der Bearbeitung weiterer Dateien fortzufahren.

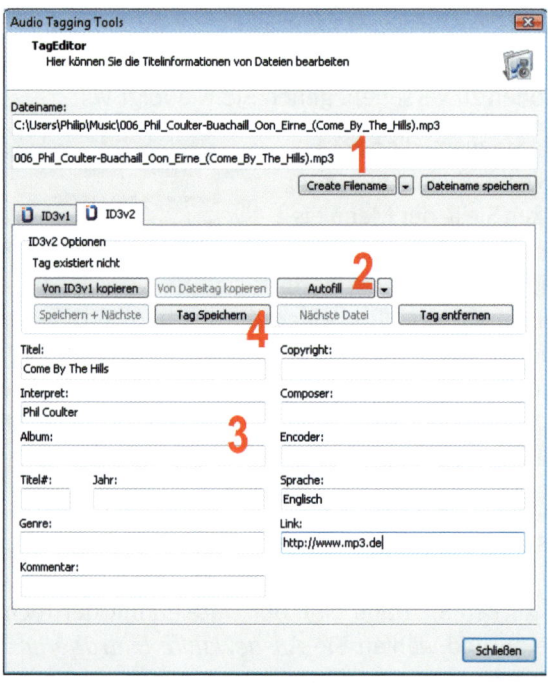

**Muss man kennen: MP3-Software ohne Ende gibt's auf dieser Webseite**

Dass es für die Erstellung und Bearbeitung von MP3-Dateien – im Gegensatz zu vielen anderen Formaten – jede Menge Software gibt, wurde am Anfang dieses Buches bereits angedeutet. Die besten Programme werden in diesem Buch vorgestellt, sodass Sie nicht lange suchen müssen. Falls Sie sich dennoch für weitere MP3-Software interessieren: Die Webseite *http://www.dailymp3.com* stellt hierfür die ultimative Download-Basis dar – zwar englischsprachig, aber dafür übersichtlich nach Kategorien geordnet.

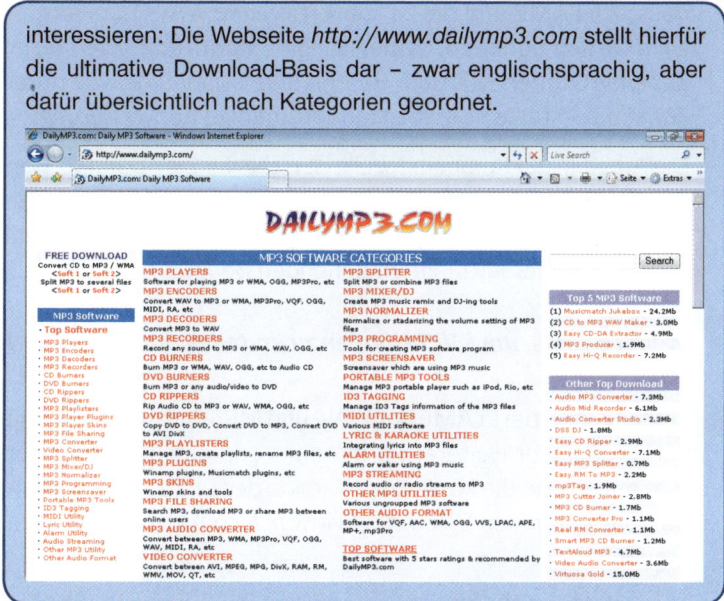

## Auf die Schnelle: die besten Tipps & Tricks

MP3-Dateien aus anderen Formaten selbst erstellen, z. B. um sie auf den MP3-Player verfrachten zu können – mit dem entsprechenden Know-how ist das überhaupt kein Problem:

■ *Mit LAME blitzschnell qualitativ hochwertige MP3s erstellen*

MP3s erstellen? Kaum eine Software ist dazu besser geeignet als LAME. Laden Sie sich LAME kostenlos aus dem Internet, z. B. unter *http://www.chip.de/downloads/c1_downloads_13003295.html*. Das Programm muss nicht installiert werden – merken Sie sich aber, wo Sie es abspeichern.

Wer sich vor der Kommandozeile nicht scheut, kann LAME direkt zum Erstellen von MP3-Dateien nutzen: Achten Sie darauf, dass sich LAME und die zu konvertierende WAV-Datei im gleichen Ordner befinden. Öffnen Sie die *Eingabeaufforderung* im *Zubehör*-Ordner. Mit dem Befehl *lame dateiname.wav dateiname.mp3* starten Sie die standardmäßige Konvertierung.

Die Arbeit in der Kommandozeile ist nichts für Sie? Dann verwenden Sie stattdessen die Software RazorLame, die es kostenlos unter der URL *http://www.dors.de/razorlame* gibt. Sie versieht LAME mit einer leicht zu bedienenden Benutzeroberfläche.

■ *Weitere Tools, um MP3-Dateien zu erstellen und zu bearbeiten*

Leider konvertiert LAME nur WAV- und MP3-Dateien. Zum Konvertieren vieler weiterer Formate ins und aus dem MP3-Format nutzen Sie die kostenlose Version des Programms Switch, das Sie unter der URL *http://www.nch.com.au/switch* downloaden.

Die erstellten MP3-Dateien mit Zusatzinformationen versehen, um Sie später leichter wiederzufinden etc.: Hierfür nutzen Sie die Freeware namens Audio Tagging Tools (*http://www.audio taggingtools.de*).

# 5. MP3-Kopien von Musik-CDs anfertigen und am PC abspielen – So einfach geht's

Inzwischen kaufen Sie Ihre Musiktitel lieber im Internet. Aber da wäre noch die CD-Sammlung von früher ... zig CDs, die Sie zur Sicherung, zum Anhören bei der Arbeit oder für Transfers auf den MP3-Player gern auf Ihrem Rechner hätten. Kein Problem! Sofern Ihr PC über ein CD- bzw. DVD-Laufwerk verfügt – und das ist längst Standard –, lässt sich das Kopieren von Audio-CDs mit wenigen Handgriffen bewerkstelligen. Verwenden Sie hierzu den Windows Media Player oder alternative Software. Dieses Kapitel zeigt Schritt für Schritt, wie Sie richtig vorgehen.

> **Zunächst: Bringen Sie Ihre Software auf den aktuellen Stand**
>
> Mit Windows Vista wurde der neue Windows Media Player 11 eingeführt, auf dem die folgenden Anleitungen beruhen. Sofern Sie unter Windows XP noch eine ältere Version des Windows Media Player nutzen, laden Sie die aktuelle Player-Version unter der Adresse *http://www.microsoft.com/windows/windowsmedia* aus dem Internet. Die neue Software ist selbstverständlich kostenlos.

## Wichtige Voreinstellungen: Format & Ordner für die MP3-Kopien festlegen

Egal ob Sie eine ganze CD kopieren möchten oder nur einzelne Songs – es geht kinderleicht. Im Windows Media Player 11 nehmen Sie zunächst wichtige Ein-

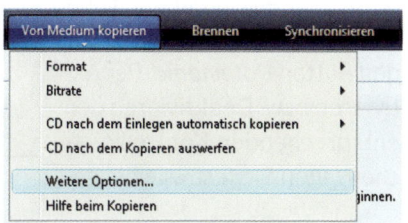

stellungen vor. Öffnen Sie hierzu das Programm (unter *Alle Programme*; nach der ersten Nutzung findet sich hierzu auch ein entsprechendes Icon in der Schnellstartleiste). Klicken Sie in der Menüleiste des Windows Media Player zweimal auf *Von Medium kopieren*, sodass sich das Drop-down-Menü öffnet. Entscheiden Sie sich für den Eintrag *Weitere Optionen*.

Nehmen Sie die Grundeinstellungen für das Kopieren von CD-Tracks vor. Als Standard-Speicherordner für die kopierten CDs ist der Benutzerordner *Musik*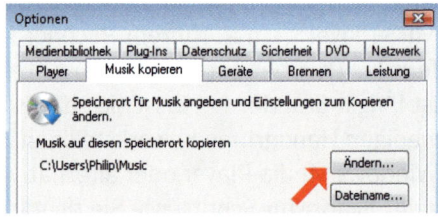

vorgesehen. Eigentlich keine schlechte Wahl – sofern Sie nur Musik-CDs kopieren. Hörbücher z. B. wären da aber wohl fehl am Platz. Um einen anderen Speicherort für die MP3-Kopien festzulegen, klicken Sie auf den *Ändern*-Button und geben einen neuen Ordnerpfad an.

Die Namen Ihrer MP3-Dateien werden automatisch generiert. Standardmäßig bestehen diese aus Tracknummer (also Reihenfolge auf der CD) sowie Songtitel. Empfinden Sie die Tracknummern als störend oder wollen auch den Interpretennamen in den Dateinamen aufnehmen? Dann klicken Sie auf den Button *Dateiname*. Per Aktivieren bzw. Deaktivieren der entsprechenden Kontrollkästchen legen Sie fest, wie die ge-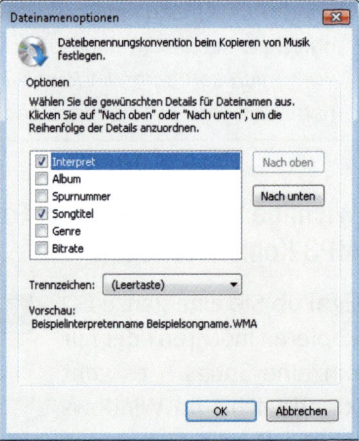

nerierten MP3-Dateien zukünftig automatisch benannt werden sollen.

Jetzt kommt das Wichtigste: Standardmäßig erstellt der Windows Media Player WMA-Kopien – die Sie durch Aktivieren des Kontrollkästchens *Kopierschutz für Musik* sogar mit einem privaten Kopierschutz versehen können. Darauf werden die wenigsten Lust haben. Entscheiden Sie sich stattdessen im Drop-down-Menü für das Format *MP3*. Mit dem Schieberegler unten legen Sie die Bitrate der Kopien fest (wie bereits erwähnt: 128 bis 192 kbps genügen völlig).

## Automatisches Kopieren? – Nein, danke!

Der Windows Media Player ist etwas kopierwütig. Standardmäßig kopiert er nach dem Einlegen automatisch

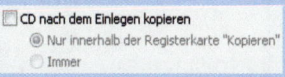

eine ganze Audio-CD, wenn Sie auf *Von Medium kopieren* klicken. Diese Funktion ist nützlich, wenn Sie gleich mehrere komplette CDs auf dem PC archivieren möchten. Wollen Sie jedoch nur einzelne Songs von der CD ziehen oder beim Kopieren jeweils individuelle Einstellungen zu Format etc. vornehmen, deaktivieren Sie in den Kopier-Optionen das Kontrollkästchen *CD nach dem Einlegen kopieren*.

## CD einschieben und ab geht die Post: Tracks mit dem Windows Media Player auf die Festplatte hieven

Nachdem Sie alle wichtigen Einstellungen gemacht haben, ist das Kopieren der CD nur noch Formsache. Wenn Sie das automatische Kopieren von Audio-CDs aktiviert haben, startet der Kopiervorgang vollautomatisch und legt die MP3-Dateien im angegeben Ordner ab. Um Speicherplatz zu sparen, kann es sich jedoch empfehlen, nur diejenigen Titel auf die Festplatte zu kopieren, die Sie später auch wirklich anhören werden:

1 Öffnen Sie den Windows Media Player. Klicken Sie in der Menüleiste auf *Von Medium kopieren* und deaktivieren Sie ggf. das automatische Kopieren der Audio-CD wie oben beschrieben. Legen Sie nun die zu kopierende CD ins Laufwerk ein. Die enthaltenen Titel werden Ihnen daraufhin angezeigt.

2 Jeder auf der CD enthaltene Titel ist mit einem Kontrollkästchen versehen. Deaktivieren Sie die Kontrollkästchen derjenigen Titel, die nicht auf die Festplatte kopiert werden sollen.

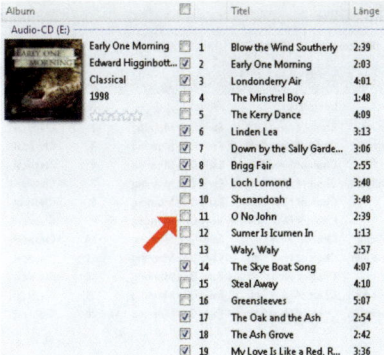

**3** Nachdem Sie Ihre Titel-Auswahl getroffen haben, klicken Sie rechts unten auf den Button *Kopieren starten*. Zeit für eine Kaffeepause, denn das Kopieren dauert ein paar Minuten.

**4** Während des Kopiervorgangs erscheint rechts unten der Button *Kopieren beenden*, um den Vorgang vorzeitig zu stoppen. Wenn der Kopiervorgang beendet ist, sehen Sie wieder den Button *Kopieren starten*. Sie können die Dateien dann im angegebenen Ordner (standardmäßig der Benutzerordner *Musik*) abrufen.

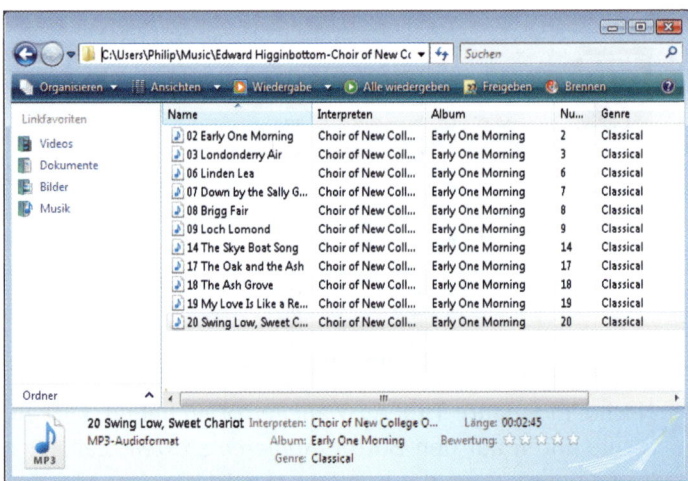

## Ganz ohne Wiedergabeliste: So geben Sie die komplette kopierte Audio-CD wieder

Um einzelne Titel im Windows Media Player wiederzugeben, genügt ein Doppelklick auf die entsprechende Datei. Doch vielleicht möchten Sie auch alle im Ordner enthaltenen

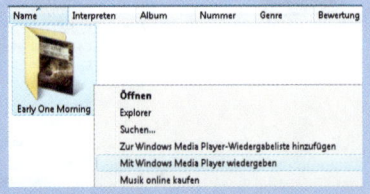

MP3-Dateien wiedergeben, ohne dafür gleich eine Wiedergabeliste erstellen zu müssen. Kein Problem! Klicken Sie den Ordner mit den MP3-Dateien einfach mit der rechten Maustaste an und wählen Sie *Mit Windows Media Player wiedergeben*. Sollen mehrere MP3-Ordner hintereinander abgespielt werden (z. B. auf einer Party), wählen Sie *Zur Windows Media Player-Wiedergabeliste hinzufügen*. Eine bereits laufende Wiedergabe wird dadurch nicht beendet, die neuen Titel werden stattdessen in der Liste hinten angehängt.

## Der Windows Media Player geht Ihnen nicht weit genug? – Die Freeware CDex bietet noch mehr Funktionen

Wem die Grundfunktionen für das Umwandeln von Audio-CDs in MP3-Dateien genügen, der braucht neben dem Windows Media Player keine weitere Software. Ansonsten greifen Sie auf das Freeware-Tool CDex zurück – diesen erstklassigen „CD-Ripper" laden Sie unter der Adresse *http://cdexos.sourceforge.net* aus dem WWW. Und so nutzen Sie das Programm:

1 Öffnen Sie CDex nach der Installation. Unter *Options/Select Language* legen Sie zunächst Deutsch als Sprache für die Benutzeroberfläche fest.

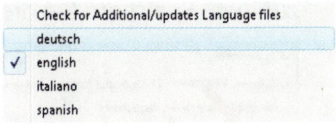

2 Klicken Sie nun auf *Optionen/Einstellungen*. Unter der Registerkarte *Kodierer* bestimmen Sie die Qualität der erstellten MP3-Dateien – also Bitrate, die Verwendung von konstanter oder variabler Bitrate usw. Im Zweifelsfall behalten Sie die bestehenden Einstellungen bei.

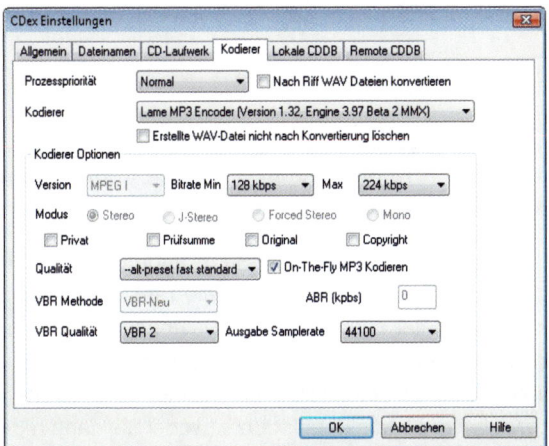

**3** Als Nächstes klicken Sie in den *CDex Einstellungen* auf die Registerkarte *Dateinamen*. Geben Sie hier unter *Aufgenommen* den Speicherpfad für die von Audio-CD kopierten MP3s an. Unter *Format* bestimmen Sie, welche Informationen der automatisch erstellte Dateiname beinhalten soll (klicken Sie auf den Fragezeichen-Button, um die Bedeutung der einzelnen Ziffern in Erfahrung zu bringen). Soll für die kopierte Audio-CD automatisch eine Wiedergabeliste erstellt werden? Dann aktivieren Sie noch das Kontrollkästchen *M3U Abspielliste hinzufügen*. Speichern Sie die Einstellungen mit *OK* ab.

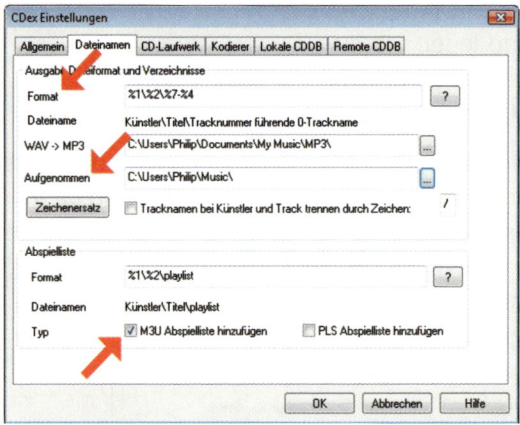

**Zusatzinformationen zu den kopierten MP3s automatisch aus dem Internet ergänzen**

Ein weiterer Vorteil von CDex (und einer Reihe anderer alternativer CD-Ripper): Rufen Sie Zusatzinformationen wie Titel, Genre etc. zu einer MP3-Datei automatisch aus der freien Datenbank FreeDB ab. Wenn Sie rund 500 MByte Speicherkapazität auf Ihrer Festplatte übrig haben, laden Sie die komplette Datenbank unter der URL *http://ftp.freedb.org/pub/freedb* aus dem Internet (wobei Sie dann regelmäßig updaten sollten, um auf dem neuesten Stand zu bleiben). In

CDex geben Sie dann unter *Optionen/Einstellungen*, Registerkarte
*Lokale CDDB* den Speicherpfad der Datenbank an.

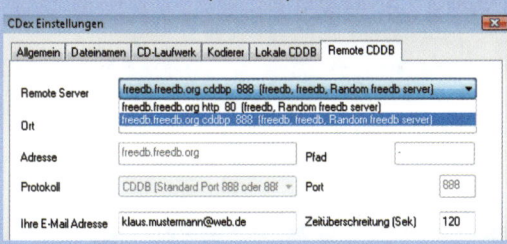

Ansonsten rufen Sie
die Titel-Informationen
bei Bedarf jeweils aus
dem Internet ab. Hierzu
sind kleinere Voreinstel-
lungen notwendig: Kli-
cken Sie in CDex unter
*Optionen/Einstellungen*
auf die Registerkarte

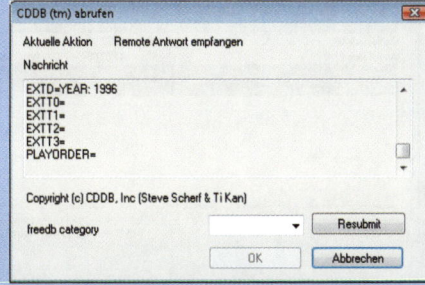

*Remote CDDB*. Im Drop-down-Menü *Remoter Server* entscheiden Sie
sich für den zweiten Eintrag: *freedb.freedb.org cddbp 888*. Schließlich ist noch die Angabe Ihrer E-Mail-Adresse notwendig.

Wenn Sie nun eine Audio-CD auf Ihre Festplatte kopieren, rufen
Sie zuvor die Zusatzinformationen ab. Klicken Sie dazu in CDex
auf *CDDB* und wählen Sie *Von lokaler CDDB lesen* bzw. *Von Remote CDDB lesen*, je nachdem ob Sie auf eine Datenbank zugreifen
möchten, die Sie heruntergeladen haben, oder jene, die online zur
Verfügung steht. Die Metainformationen werden daraufhin automatisch ergänzt.

4 Legen Sie nun eine Audio-CD ins Laufwerk ein. Die Titelliste
wird in CDex angezeigt, wobei alle Titel standardmäßig markiert (= blau unterlegt) sind. Um nur einzelne Titel zu markieren, klicken Sie diese bei gedrückter ⌜Strg⌟-Taste einzeln an.

Unter *Künstler*, *Titel* etc. versehen Sie die MP3-Kopien ggf. manuell mit entsprechenden Detailinformationen, falls Sie nicht auf die *FreeDB*-Option zurückgreifen.

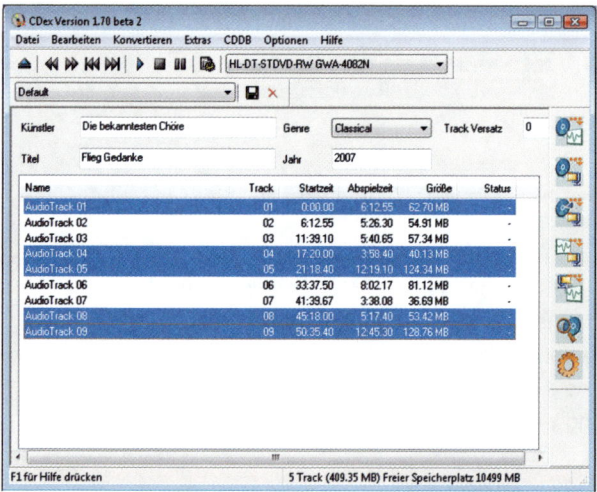

**5** Um die markierten Titel als MP3 auf die Festplatte zu kopieren, klicken Sie in der Symbolleiste rechts auf den zweiten Button von oben (*CD track(s) nach komprimierte Audio-Datei extrahieren*). Die Titel werden da-

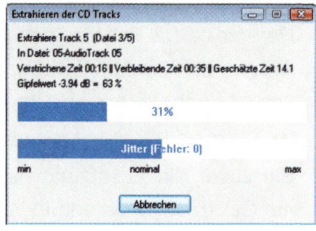

raufhin eingelesen und im angegebenen Ordner als MP3 gespeichert.

## Immer Wunschkonzert: So erstellen und verwalten Sie MP3-Wiedergabelisten

Automatische Wiedergabelisten, wie sie CDex erstellt, sind eine feine Sache, um das Abspielen einer kompletten, als MP3 auf die Festplatte gehievten Audio-CD per Doppel-klick zu starten. In den meisten Fällen werden Sie jedoch individuelle Wiedergabelisten er-stellen, z. B. Musik für die nächste Party oder für den romantischen Abend zu zweit. Wieder-gabelisten sorgen dafür, dass alle Songs in der von Ihnen vorgegebenen Reihenfolge abge-spielt werden.

| Candlelight-Dinner | ✕ |
|---|---|
| ▸ OAM's Blues - Aaron Goldberg | |
| Despertar - Aisha Duo | |
| Amanda - Aisha Duo | |
| I Ka Barra (Your Work) | |
| Din Din Wo (Little Child) | |
| Distance - Karsh Kale | |
| One Step Beyond - Karsh Kale | |
| Early One Morning - Choir of... | |
| Londonderry Air - Choir of N... | |
| Linden Lea - Choir of New C... | |
| Down by the Sally Gardens | |
| Brigg Fair - Choir of New Col... | |
| Loch Lomond - Choir of Ne... | |
| The Skye Boat Song - Choir ... | |
| The Oak and the Ash - Choir ... | |
| The Ash Grove - Choir of Ne... | |
| My Love Is Like a Red, Red R... | |
| Swing Low, Sweet Chariot | |

Wiedergabeliste speichern

Wenn Sie ausschließlich den Windows Media Player zum Abspielen Ihrer MP3s verwenden, nutzen Sie diesen zum Erstellen von Wieder-gabelisten, wobei in diesem Fall nur auf in der Medienbibliothek befindliche Dateien zurück-gegriffen werden kann. Bei gedrückter Maus-taste ziehen Sie in der *Medienbibliothek* ein-zelne Titel ins Listenfeld rechts, sortieren die Titel wiederum bei gedrückter Maustaste und speichern die Liste abschließend ab.

Die Wiedergabeliste wird standardmäßig im Benutzerordner *Musik* (Unterordner *Wiedergabelisten*) abgespeichert, und zwar im Format WPL – also

Party-Musik
M3U-Datei
534 Bytes

dem Wiedergabelisten-Format des Windows Media Player. Das ist alles andere als optimal, denn als Standards gelten die For-mate M3U sowie PLS. Greifen Sie zum Erstellen von M3U- oder PLS-Wiedergabelisten auf die Freeware Playlist Creator zurück, die Sie unter der Webadresse *http://www.oddgravity.de/app-opc. php* aus dem Internet laden.

### Mit wenigen Handgriffen: Wiedergabelisten kinderleicht im Playlist Creator erstellen

Das Format M3U scheint noch einen Tick gängiger zu sein als PLS, sodass Sie diesem am besten gegenüber PLS den Vorzug geben. Zum Erstellen von Wiedergabelisten mit dem Playlist Creator ge-hen Sie wie folgt vor:

**1** Öffnen Sie den Playlist Creator. Klicken Sie zunächst unter *Speicherort auswählen* auf das Ordner-Symbol und geben Sie den Speicherpfad für die erstellten Wiedergabelisten an.

Empfehlenswert: Verwenden Sie den gleichen Speicherort wie der Windows Media Player, also den Ordner *Wiedergabelisten* im Benutzerordner *Musik*.

**2** Bestimmen Sie nun, welche Dateien in die Wiedergabelisten aufgenommen werden sollen: Klicken Sie dazu rechts neben dem Datei-Feld auf das Ordner-Symbol (um alle in einem Ordner enthaltenen Dateien in die Liste einzufügen) oder auf das Noten-

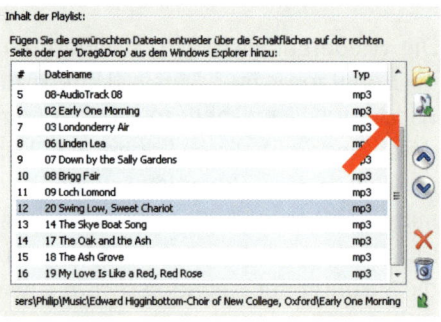

schlüssel-Symbol (um einzelne Dateien in die Liste einzufügen). Selektieren Sie ggf. eine Datei in der Liste, um sie mit den Pfeiltasten in eine andere Listenposition zu bewegen. Mit dem Kreuz-Symbol entfernen Sie eine selektierte Datei wieder aus der Liste.

**3** Fast fertig! Geben Sie jetzt nur einen

Namen für die Wiedergabeliste ein, wählen Sie im Drop-down-Menü das gewünschte Format und dann die Schaltfläche *Playlist erstellen*. Die Wiedergabeliste kann anschließend im angeben Ordner abgerufen werden.

---

**Praktisch: MP3-Dateien aus einer Wiedergabeliste in einen extra Ordner oder auf den MP3-Player kopieren**

Wiedergabelisten eignen sich nicht nur zum Festlegen der Abspielreihenfolge Ihrer MP3-Dateien. Mit dem Tool Playlist Copier *(Sie finden es unter *http://www.freeware*.de)* kopieren Sie die in einer M3U-Wiedergabeliste enthaltenen Dateien

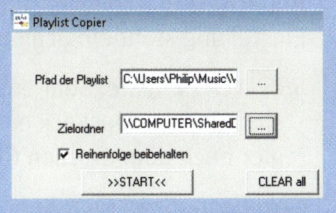

von mehreren Speicherorten in einen einzigen Ordner – z. B. auch im Netzwerk oder auf dem MP3-Player. Hierzu müssen Sie nur den Dateipfad zur Wiedergabeliste sowie einen Zielordner eingeben. Mit *START* wird der Kopiervorgang in Gang gesetzt.

---

## MP3-Wiedergabe aufpeppen: So nutzen Sie den Windows Media Player als Hi-Fi-Anlage

In welcher Qualität MP3-Dateien auf dem PC wiedergegeben werden, hängt natürlich in erster Linie von den angeschlossenen

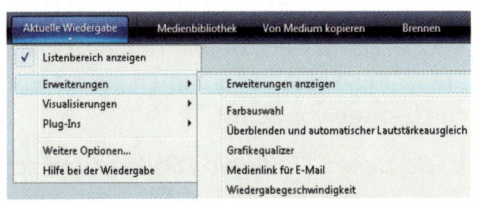

PC-Boxen ab – geben Sie dafür im Zweifelsfall lieber ein paar Euros mehr aus. Darüber hinaus bietet der Windows Media Player 11 eine ganze Reihe von Optionen, um die MP3-Wiedergabe klanglich aufzupeppen. Klicken Sie zweimal auf *Aktuelle Wiedergabe* und wählen Sie *Erweiterungen/Erweiterungen anzeigen*. Unterhalb des Wiedergabefensters wird dann ein Erweiterungsfenster eingeblendet. Mit den Pfeiltasten klicken Sie sich durch die einzelnen Optionen. Für die MP3-Wiedergabe besonders interessant:

*Wiedergabege-schwindigkeit*: Lassen Sie eine MP3-Datei bei

Bedarf etwas schneller oder langsamer abspielen. Für diese Einstellung steht ein Schieberegler zur Verfügung.

*SRS WOW-Effekte*: Sehr empfehlenswerte Klangverbesserung – einfach per Mausklick einschalten und mithilfe der Schieberegler nach dem eigenen Geschmack einstellen.

*Grafikequalizer*: Den kennen Sie von Ihrer Stereoanlage her. Verbessern Sie den Klang, indem Sie mithilfe der Schieberegler einzelne Frequenzen verstärken oder vermindern.

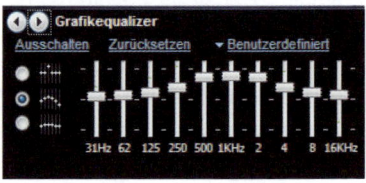

## Auf die Schnelle: die besten Tipps & Tricks

Audio-CDs als MP3-Dateien auf die Festplatte verfrachten – dazu braucht es keine höhere Intelligenz. Mit den richtigen Tools geht das fast wie von selbst:

■ *So ziehen Sie Audio-CDs kurz und schmerzlos auf Ihren PC*

Haben Sie schon den neuen Windows Media Player 11? Falls nicht, dann besorgen Sie ihn sich kostenlos unter der Webadresse *http://www.microsoft.com/windows/windowsmedia*.

Nutzen Sie den Windows Media Player, um komplette Audio-CDs oder einzelne Tracks als MP3-Dateien auf die Festplatte zu ziehen. Hierfür steht – nach den entsprechenden Voreinstellungen – die Option *Von Medium kopieren* zur Verfügung.

Profi-Einstellungen sind gefragt? Dann nutzen Sie den kostenlosen CD-Ripper CDex, den Sie unter *http://cdexos.source forge.net* aus dem WWW saugen.

Neben seiner Funktion als CD-Ripper erlaubt CDex den einfachen Zugriff auf die freie Datenbank FreeDB, die mit wenigen Handgriffen eine automatische Ergänzung von Titelinformationen ermöglicht.

### ■ Einen oder mehrere MP3-Ordner abspielen? – Kein Problem!

Eine auf die Festplatte kopierte CD komplett abspielen? Klicken Sie dazu einfach mit der rechten Maustaste auf den Ordner, in dem die MP3-Dateien enthalten sind, und wählen Sie im sich öffnenden Menü den Eintrag *Mit Windows Media Player wiedergeben*.

Oder sollen Titel aus verschiedenen Ordnern in einer bestimmten Reihenfolge abgespielt werden? Dann erstellen Sie eine Wiedergabeliste – entweder in der Medienbibliothek des Windows Media Player oder in den gängigen Formaten M3U bzw. PLS mithilfe des Freeware-Tools Playlist Creator.

# 6. Nie mehr lange nach Musiktiteln suchen: MP3-Dateien optimal verwalten

Spätestens wenn Sie ein paar Hundert MP3-Dateien auf Ihrem Rechner gespeichert haben, sind ein paar Anstrengungen erforderlich, um nicht den Überblick zu verlieren. MP3-Dateien optimal verwalten, blitzschnell wiederfinden und doppelte MP3s mit wenigen Handgriffen ausmisten – darum geht es in diesem Kapitel. Und darum, wie Sie Ihre MP3-Dateien möglichst schnell auf den MP3-Player kopieren, wenn Sie wollen, sogar vollautomatisch.

## Die richtige Ordnungsstrategie von Anfang an: MP3-Dateien richtig einsortieren

Haben Sie Ihre MP3-Dateien über die ganze Festplatte verstreut? Dann ist jetzt Zeit zum Großreinemachen. Verschieben Sie alle MP3s in einen Ordner, wobei Sie am besten für jedes Album oder nach Genre weitere Unterordner anlegen. Unter Windows Vista finden Sie unter dem Pfad *Benutzer/Benutzername/Musik* einen Ordner, der extra für die eigenen Musikdateien reserviert ist (unter XP lautet der entsprechende Pfad *Dokumente und Einstellungen/Benutzername/Eigene Dateien/Eigene Musik*). Nutzen Sie möglichst diesen Benutzerordner.

> **Mehrere Benutzer? – So erhält jeder Zugriff auf Ihre MP3s**
>
> Auf den Benutzerordner *Musik* können nur Sie selbst zugreifen. Möchten Sie die MP3-Dateien auch für andere PC-Nutzer oder im Netzwerk freigeben, verwenden Sie den Ordner *Benutzer/Öffentlich/Öffentliche Musik*, um Ihre MP3-Dateien bzw. Kopien davon abzuspeichern. Unter Windows Vista geben Sie außerdem mit wenigen Handgriffen Ihre Medienbibliothek für andere Nutzer frei.

Wenn Sie eine Audio-CD auf Ihre Festplatte kopieren, werden die erstellten MP3-Dateien standardmäßig im Benutzerordner *Musik* abgespeichert. Hierbei werden automatisch zwei Unterordner erstellt: ein *Interpreten*-Ordner und darin wiederum ein *Album*-Unterordner. Entsprechend bietet sich folgendes Ordnungssystem an:

- Haben Sie von einem Interpreten eines oder mehrere Alben im MP3-Format, behalten Sie die automatische Struktur bei: im Benutzerordner *Musik* befindet sich also jeweils ein Unterordner mit dem Interpretennamen, darin wiederum ein Ordner mit den Albumnamen.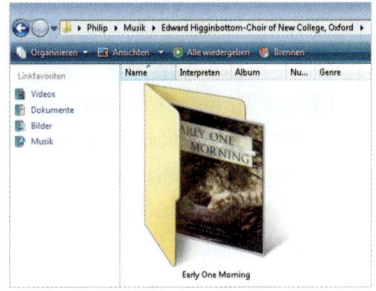

- Sind von einem Interpreten nur einige Songs verfügbar? Dann speichern Sie die MP3-Dateien – ohne weiteren Unterordner – direkt im Ordner mit dem Interpretennamen ab.

- Vielfach werden von Interpreten nur einzelne Songs verfügbar sein, sodass sich das Speichern in einem Interpreten-Ordner nicht lohnen wird. Legen Sie für diese Songs Genre-Ordner – also z. B. *Jazz*, *Klassik* etc. – an.

| Arbeitsschritt | So geht's |
|---|---|
| Dateien verschieben | Datei im Windows Explorer per Mausklick auswählen (mehrere Dateien bei gedrückter [Strg]-Taste) und mit [Strg]+[X] in die Zwischenablage ausschneiden. In den Zielordner klicken und Dateien mit [Strg]+[V] einfügen. |
| Unterordner anlegen | Mit der rechten Maustaste in einen Ordner klicken. Im sich öffnenden Menü Neu/Ordner wählen. Den Ordner benennen. |

## Integrierte MP3-Verwaltung: So nutzen Sie die Medienbibliothek des Windows Media Player

Eine feine Sache zum Verwalten der MP3-Sammlung und sonstiger Mediendateien ist die Medienbibliothek des Windows Media Player. Mit den richtigen Einstellungen bekommen Sie damit auch noch sehr große Datei-Bestände in den Griff. Zunächst müssen Sie die Medienbibliothek richtig konfigurieren:

1 Öffnen Sie den Windows Media Player. Klicken Sie unter *Medienbibliothek* auf *Weitere Optionen*. Entscheiden Sie sich zunächst für die Registerkarte *Player* und deaktivieren Sie das Kontrollkästchen *Musikdateien bei Wiedergabe zur Medienbibliothek hinzufügen*. Diese Funktion kann nämlich gewaltig nerven, wenn Dateien der Bibliothek hinzugefügt werden, die Sie dort gar nicht haben möchten.

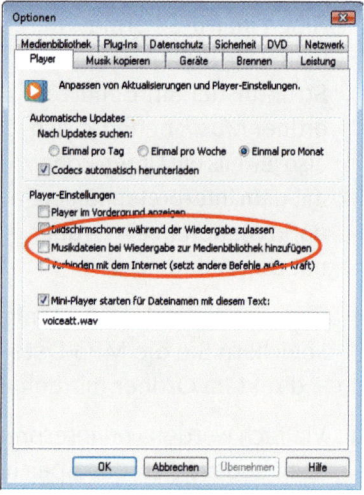

2 Klicken Sie nun unter der Registerkarte *Medienbibliothek* auf den Button *Ordner überwachen*. Bestimmen Sie unter *Erweiterte Optionen*, welche Ordner auf der Festplatte auf MP3-Dateien (und weitere Mediendateien) hin überwacht werden sollen. Wenn Sie also eine Datei in dem entsprechenden Ordner abspeichern, wird Sie automatisch in die Medienbibliothek übernommen.

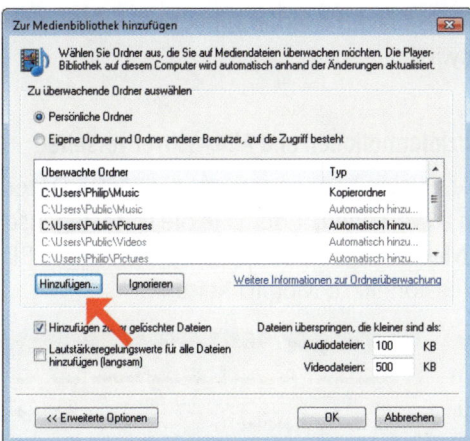

## Hört Microsoft mit? Was der Windows Media Player so alles ins Internet schickt

Der Windows Media Player kommuniziert relativ viel mit dem Microsoft-Server. Wahrscheinlich alles ganz harmlos, aber man weiß ja nie. Deaktivieren Sie vorsichtshalber die automatischen Funktionen: Unter der Registerkarte *Medienbibliothek* deaktivieren Sie das Kontrollkästchen *Ergänzende Informationen aus dem Internet abrufen* (Funktion ähnlich FreeDB); unter der Registerkarte *Datenschutz* deaktivieren Sie einfach alle Kontrollkästchen, vor allem: *Daten zur Player-Verwendung an Microsoft schicken*.

**3** Befinden sich in der Medienbibliothek Dateien, die dort automatisch hinkopiert wurden, die Sie aber lieber nicht in der Bibliothek haben möchten? Klicken Sie diese

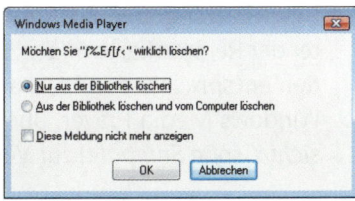

an und drücken die [Entf]-Taste. Im Dialogfenster entscheiden

Sie, ob die Datei nur aus der Medienbibliothek oder komplett vom PC gelöscht wird.

## MP3-Dateien mit Zusatzinformationen und Albumcover versehen

Sie haben bereits die Option kennengelernt, eine MP3-Datei mit Zusatzinformationen zu versehen, indem Sie die Datei-Eigenschaften bearbeiten. Die Medienbibliothek des Windows Media Player bietet da schon professionellere Möglichkeiten:

- Jede Menge Zusatzinformationen manuell hinzufügen: Hierzu klicken Sie einen Titel in der Medienbibliothek mit der rechten Maustaste an und wählen *Erweiterter Beschriftungs-Editor*.

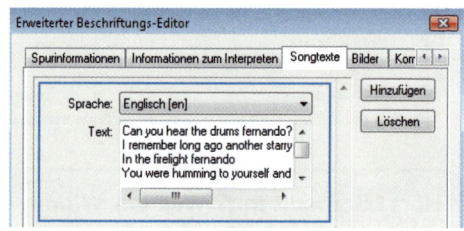

Unter den einzelnen Registerkarten versehen Sie die MP3-Datei mit Infos, Kommentaren und sogar dem Songtext.

- Laden Sie, falls es fehlt, ein Albumcover aus dem Internet, z. B. von einem Online-Shop für CDs (Grafik mit der rechten Maustaste anklicken und *Bild speichern unter* wählen). Im Beschriftungs-Editor geben Sie unter der Registerkarte *Bilder* den entsprechenden Pfad an. Das Albumcover steht dann im Windows Media Player, aber auch im Windows Explorer (*Ansicht/Große Symbole*) zur Verfügung.

- Online nach Album-Informationen suchen – das kann auch der Windows Media Player: Klicken Sie dazu einen Titel oder ein

Album in der Medienbibliothek mit der rechten Maustaste an und wählen Sie *Albuminformationen suchen*. Die entsprechenden Informationen werden daraufhin online abgefragt.

## Album-Cover mit diesem Tool bequemer suchen

Keine Lust, auf Webseiten nach einem Album-Cover zu stöbern? Dann verwenden Sie das Tool *Album Cover Finder*, das Sie in der kostenlosen Version unter *http://www.amphonicdesigns.com* aus dem Web ziehen (leider müssen Sie beim  Programmstart einige lästige Fenster wegklicken, ansonsten funktioniert das Tool gut). Geben Sie Interpret und Name des Albums als Suchbegriffe ein. Wird das Album-Cover gefunden, speichern Sie es zur weiteren Verwendung mit *File/Save Artwork* ab.

## Nützliche Such- und Sortierfunktionen: jeden Titel in der Medienbibliothek blitzschnell finden

Hunderte oder sogar Tausende MP3-Dateien in der Medienbibliothek – dennoch finden Sie die gesuchte blitzschnell. Mehrere Funktionen helfen Ihnen dabei: Verwenden Sie die in die Medienbibliothek integrierte Suchmaske (**1**), um nach Songtiteln, Interpreten, Genre etc. zu stöbern. Bereits während der Eingabe werden passende Ergebnisse gelistet.

In der Navigationsleiste links (**2**) bzw. der Sortierleiste oben (**3**) nehmen Sie außerdem per Mausklick eine Sortierung der Dateien nach Interpret, Album, Titel etc. vor – besonders die Sortierung nach Genre ist sehr nützlich, um z. B. 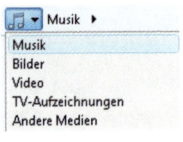 alle Klassik-Titel auf einen Blick zu erhalten. Nicht zu vergessen: die Medienbibliothek ist nicht nur für Musik, sondern auch für Bilder und Videos zuständig. Mit dem kleinen Button unterhalb der Pfeiltasten (**4**) treffen Sie die entsprechende Auswahl.

## Alternative zum herkömmlichen Ordner: virtuelle Suchordner unter Windows Vista für die MP3-Verwaltung nutzen

Vista-Nutzern bietet sich eine weitere Option, um ihre MP3-Dateien clever zu verwalten: die „Suchordner", mit deren Hilfe Sie Dateien

nach von Ihnen definierten Kriterien in virtuellen Ordnern zusammenfassen. Das hört sich kompliziert an, ist aber kinderleicht:

**1** Klicken Sie im Windows-Startmenü auf den Eintrag *Suchen*, um
das Vista-Suchfenster aufzurufen. Unter *Nur anzeigen* klicken
Sie dort auf *Musik*.

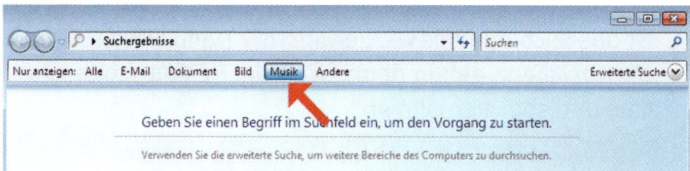

**2** Sie wollen alle Musiktitel eines Interpreten in einem virtuellen
Ordner zusammenfassen? Dann geben Sie den entsprechenden Interpretennamen als Suchbegriff ein. Sie können aber natürlich auch nach anderen Eigenschaften wie Titel, Album etc.
suchen.

**3** Fehlen da etwa Dateien – oder werden im Gegenteil zu viele
Dateien gefunden. Dann legen Sie unter *Erweiterte Suche* weitere Suchkritieren fest: Suchort, Änderungsdatum, Nutzung
der Interpreten-Suchmaske, um verwässerte Ergebnisse zu
vermeiden etc.

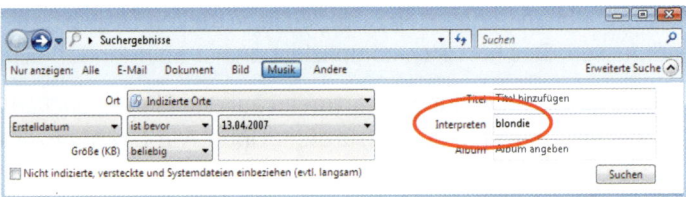

**4** Ist das Suchergebnis wie gewünscht? Dann klicken Sie auf *Suche speichern*, geben dem Suchordner einen schlüssigen Namen und speichern ihn ab.

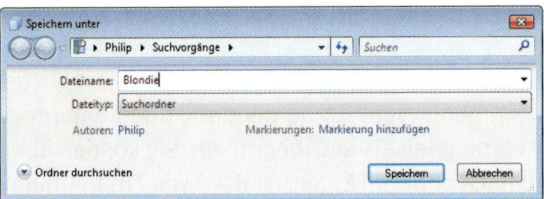

**5** Der Suchordner lässt sich nun im Benutzerordner *Suchvorgänge* abrufen. Der Clou: Ziehen Sie weitere MP3-Dateien auf die Festplatte, die der Suche entsprechen, werden diese automatisch in den Suchordner übernommen.

### Vista macht's möglich: einzelne MP3-Dateien noch schneller finden

Ihre Freundin möchte einen ganz bestimmten Song hören, den Sie auf Ihrem Rechner gespeichert haben – bloß wo? Wenn es schnell gehen muss, nutzen Sie die Startmenü-Suchmaske unter Windows Vista. Geben Sie den Songtitel oder eine Eigenschaft des Songs als Suchbegriff ein.

Die entsprechenden Ergebnisse werden bereits während des Eintippens gelistet und können durch Anklicken geöffnet werden.

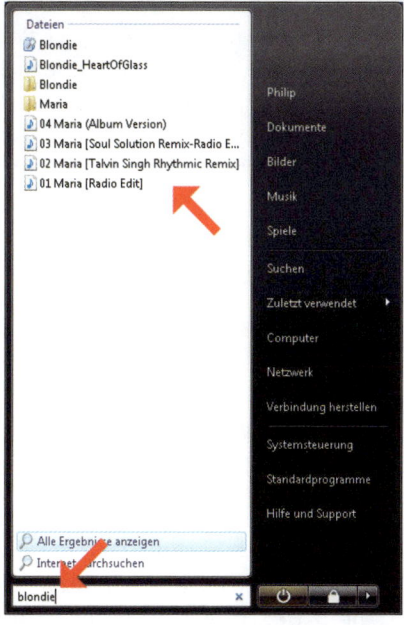

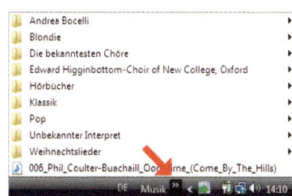

Oder legen Sie den Ordner mit Ihren MP3-Dateien einfach in der Taskleiste ab, um einen schnelleren Zugriff darauf zu haben. Klicken Sie dazu mit der rechten Maustaste auf eine freie Fläche der Taskleiste und wählen Sie *Symbolleisten/Neue Symbolleiste*. Geben Sie dann den gewünschten Ordnerpfad an. Der Ordnername wird daraufhin in der Taskleiste angezeigt und der Ordnerinhalt kann per Klick auf das zugehörige Pfeil-Symbol geöffnet werden.

## Platz sparende Wiedergabe: Windows Media Player in die Taskleiste minimieren

Auch der Windows Media Player lässt sich in die Taskleiste ziehen – allerdings nur bei laufender Wiedergabe. Klicken Sie wiederum mit der rechten Maustaste in die Taskleiste und wählen Sie diesmal *Symbolleisten/Windows Media Player*. Wenn Sie den Windows Media

> Player nun minimieren, erscheint eine Funktionsleiste (Pause, Laut-
> stärke etc.) in der Taskleiste. Sogar kleine Visualisierungen können
> eingeblendet werden. Zum erneuten Maximieren brauchen Sie bloß
> auf das Player-Icon zu klicken.

## Sie haben den gleichen Song zweimal? – Dieses Tool hilft Ihnen beim Ausmisten

Okay, MP3-Dateien brauchen ja nicht so viel Speicherplatz. Aber
doppelte Dateien, das muss trotzdem nicht sein. Ein alter Bekannter hilft Ihnen dabei, doppelte MP3s auszumisten: die Freeware
Audio Tagging Tools (Download unter *http://www.audiotagging
tools.de*), die Sie bereits im Zusammenhang mit dem Thema ID3-
Tags kennengelernt haben. Die Anwendung ist kinderleicht:

**1** Importieren Sie zunächst mit *Datei/Dateien aus Ordnern hinzufügen* den Ordner mit Ihren MP3-Dateien mitsamt Unterordnern. Beachten Sie allerdings: Je mehr Dateien Sie vergleichen
lassen, desto länger dauert der Vorgang. Hier im Beispiel wurden sieben MP3-Dateien importiert, von denen drei doppelt
vorhanden sind.

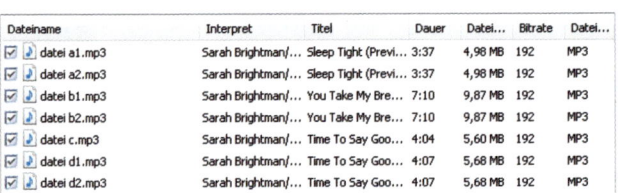

**2** Klicken Sie auf *Tools/Auf-
gaben*. Entscheiden Sie
sich für die Registerkarte
*Dateien*. Im Drop-down-
Menü *Löschen* konfigurieren Sie das *Auswählen*

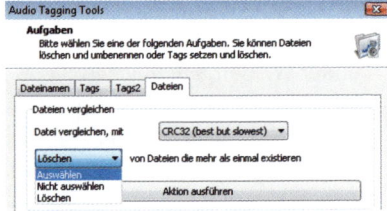

von Dateien, die mehr als einmal existieren. Klicken Sie dann auf *Aktion ausführen*.

**3** Die doppelten Datei-
en werden von Audio
Tagging Tools auto-
matisch erkannt und
per Kontrollkästchen

ausgewählt – leider aber nicht automatisch gelöscht. Öffnen Sie stattdessen den Windows Explorer, um das Löschen der doppelten MP3-Dateien durchzuführen.

Die CRC-Prüfung (CRC steht für **c**yclic **r**edundancy **c**heck – „zyklische Redundanzprüfung") ist am zuverlässigsten, dauert aber auch am längsten. Wenn

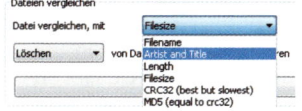

Sie sehr viele MP3-Dateien auf Dubletten prüfen – und nicht ewig Zeit haben –, entscheiden Sie sich im Drop-down-Menü für andere Vergleichsoptionen: entweder nach Dateiname oder Interpret und Titel. Das geht wesentlich schneller.

## Uneinheitliche Dateinamen? – MP3-Dateien automatisch nach bestimmten Tags (Titel, Interpret etc.) umbenennen

Wenn Sie MP3-Dateien von unterschiedlichen Quellen beziehen, werden Sie schnell mit einem weiteren kleinen Ärgernis vertraut werden: Die Dateien sind unterschiedlich benannt – einmal nach Songtitel, das andere Mal nur nach Tracknummer usw. Kein Problem! Die Dateinamen lassen sich mit wenigen Handgriffen vereinheitlichen. Dazu ist am besten das Freeware-Tool mp3 RightName geeignet, das Sie unter der Webadresse *http://www.svenbader. de/downloads.htm* finden.

Und so einfach geht's: Öffnen Sie das Tool und klicken Sie auf *Ordner wählen*. Geben Sie den Ordner an, in dem Sie Ihre MP3-

Dateien abgespeichert haben, die Unterordner werden automatisch einbezogen. Unter *Format* bestimmen Sie nun, in welcher Form die MP3-Dateien benannt werden sollen. *%1* steht für den Songtitel, *%2* für den Namen des Interpreten, *%3* für das Album und *%4* für die Tracknummer.

Empfehlenswert ist zum Beispiel die Zusammensetzung aus Interpret und Songtitel, die Sie entsprechend mit der Angabe *%2 - %1* angeben. Der Bindestrich ist nicht zwingend notwendig, aber der besseren

Übersicht halber empfehlenswert. Klicken Sie abschließend auf *Jetzt umbenennen!*, um alle MP3-Dateien nach Ihren Vorgaben umzubenennen.

## Per Kabel oder Bluetooth: So verfrachten Sie Ihre Musiktitel auf den MP3-Player

Die MP3-Sammlung auf dem PC haben Sie in Ordnung gebracht. Nehmen Sie sich als nächstes Ihren MP3-Player vor: Laden Sie die gewünschten Titel auf den Player und behalten Sie auch bei vielen Songtiteln den Überblick. In der Regel verwenden Sie zum Überspielen von MP3s den USB-Anschluss, insbesondere bei der Nutzung von MP3-Handys kann auch ein Bluetooth-Gerät zu Ehren kommen. Beide Varianten haben Vor- und Nachteile:

■ USB-Anschluss: die Übertragung via USB-Kabel ist sehr schnell, außerdem ist der notwendige Anschluss in der Regel bereits vorhanden. Praktisch ist: Häufig werden die Akkus von MP3-Playern direkt über den USB-Anschluss geladen.

Nachteil ist: Durch das kurze Kabel haben Sie wenig Bewegungsfreiheit, und das Anschlusskabel für den MP3-Player wird außerdem gern verlegt.

- Bluetooth-Gerät: Hierbei werden die Dateien über eine Funkverbindung übertragen – es ist kein Kabel notwendig, dafür kann die Übertragung etwas länger dauern; Bluetooth-Geräte bieten den Vorteil, dass weitere Bluetooth-Geräte angeschlossen werden können, z. B. auch ein Bluetooth-Kopfhörer. Nachteil: Für den PC müssen Sie sich, falls noch nicht vorhanden, zusätzliche Hardware – einen Bluetooth-USB-Stick – für die Herstellung der Bluetooth-Verbindung zulegen.

Bluetooth-Umgebung

Egal, für welche Anschluss-Variante Sie sich entscheiden: Sobald die Verbindung steht, können MP3-Dateien vom Rechner auf den MP3-Player sowie vom MP3-Player auf den Rechner kopiert bzw. verschoben werden.

Die Vorgehensweise entspricht prinzipiell dem Kopieren und Verschieben von Dateien in andere Ordner auf dem PC, wobei der

MP3-Player im Windows Explorer allerdings ein eigenes Laufwerk erhält und als „Wechseldatenträger" geführt wird. Wenn Sie Bluetooth nutzen, finden Sie den MP3-Player in der Bluetooth-Umgebung (vergleichbar mit einer Netzwerk-Umgebung).

---

**MP3-Dateien sofort anzeigen lassen durch die automatische Wiedergabe**

Den MP3-Player einstöpseln und automatisch das entsprechende Laufwerk im Windows Explorer öffnen: Das geht dank automatischer Wiedergabe. Wählen Sie einfach die Option *Ordner öffnen, um Dateien anzuzeigen* und aktivieren Sie das Kontrollkästchen *Immer für Audiodateien* 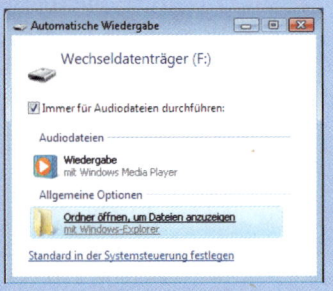 *durchführen*. Die Einstellungen lassen sich später jederzeit ändern: Unter Windows Vista im Startmenü unter *Standardprogramme/Einstellungen für automatische Wiedergabe ändern*; unter Windows XP klicken Sie hierzu den Wechseldatenträger-Eintrag im Windows Explorer mit der rechten Maustaste an und nehmen die gewünschten Änderungen unter der Registerkarte *AutoPlay* vor.

---

**Dateien mit wenigen Handgriffen manuell auf den MP3-Player kopieren**

Nachdem Sie die Verbindung zwischen PC und MP3-Player hergestellt haben, steht dem Austausch von MP3-Dateien nichts mehr im Weg. Hierzu gehen sie wie folgt vor:

1  Öffnen Sie den Windows Explorer (*Alle Programme/Zubehör*). Klicken Sie sich zu den MP3-Dateien bzw. Ordnern durch, die Sie auf Ihren MP3-Player übertragen möchten (Sie können selbstverständlich auch beliebige andere Dateien auf dem

MP3-Player speichern, wodurch er die Funktion eines USB-Speichersticks übernimmt).

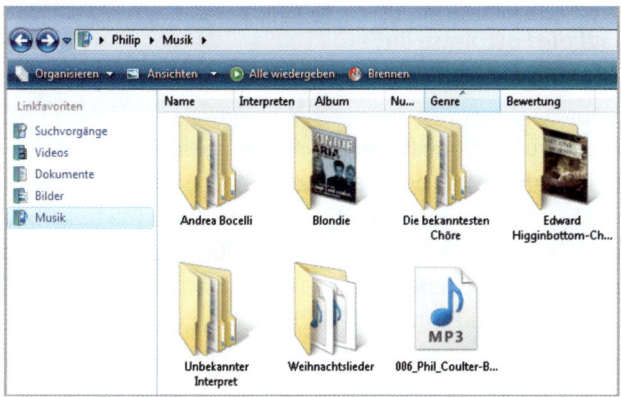

**2** Selektieren Sie durch Anklicken die zu übertragende Datei. Um mehrere Dateien gleichzeitig zu selektieren, klicken Sie diese bei

gedrückter ⌨Strg⌨-Taste an. Zum Selektieren aller Dateien und Unterordner innerhalb eines Ordners verwenden Sie die Tastenkombination ⌨Strg⌨+⌨A⌨. Ihre Auswahl wird durch eine blaue Unterlegung gekennzeichnet.

**3** Verwenden Sie nun die Tastenkombination ⌨Strg⌨+⌨C⌨, um die selektierten Dateien in die Zwischenablage zu kopieren (bzw. ⌨Strg⌨+⌨X⌨, um die Dateien auszuschneiden). Öffnen Sie dann un-

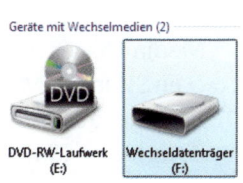

ter *Computer* (bzw. unter Windows XP *Arbeitsplatz*) das Wechseldatenträger-Laufwerk.

**4** Fügen Sie hier mit der Tastenkombination ⌨Strg⌨+⌨V⌨ die in die Zwischenablage kopierten bzw. ausgeschnittenen Dateien und

Ordner ein. Auf die gleiche Weise können Sie auch Dateien vom Wechseldatenträger auf die Festplatte Ihres Rechners kopieren.

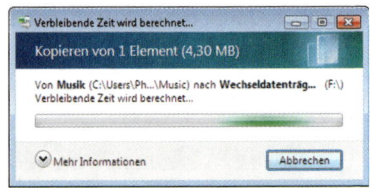

Falls eine zu kopierende Datei bereits im Speicher vorhanden ist, werden Sie gefragt, ob diese ersetzt werden soll. Falls es sich um die gleiche Datei handelt, beantworten Sie diese Frage selbstverständlich mit *Nicht kopieren*, um sich die Übertragungszeit zu sparen. Machen Sie sich diesen Sachverhalt zunutze, um manuell Ordnerinhalte zwischen PC und MP3-Player abzugleichen.

## So geht's mit dem Windows Media Player: MP3s aus der Medienbibliothek auf den MP3-Player kopieren

Wenn Sie Ihre MP3-Dateien mithilfe der Medienbibliothek des Windows Media Player 11 organisieren, ist die Übertragung von Dateien auf den MP3-Player noch einfacher – es funktioniert ähnlich wie das Erstellen einer Wiedergabeliste:

**1** Verbinden Sie Ihren MP3-Player mit dem PC und öffnen Sie den Windows Media Player. Klicken Sie in der Menüleiste des Windows Media Player auf *Synchronisieren*. Beantworten Sie das folgende Abfragefenster mit *Fertig stellen*.

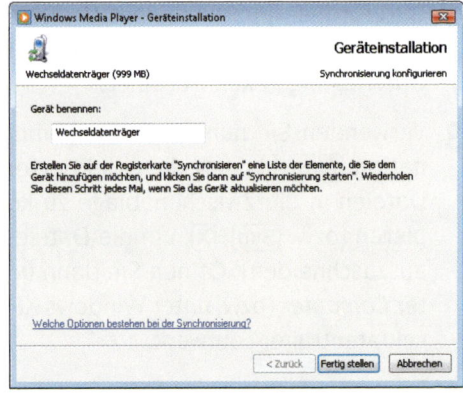

**2** Standardmäßig erstellt der Windows Media Player für die kopierten MP3s nervige Unterordner. Schalten Sie das ab: Hierzu klicken Sie zweimal auf *Synchronisieren* und wählen *Weitere Optionen*.

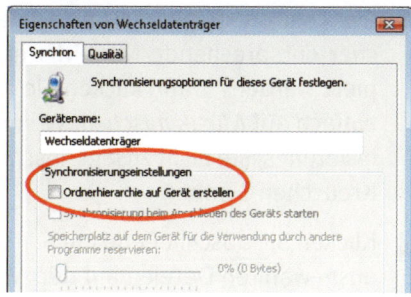

Selektieren Sie unter *Geräte* den *Wechseldatenträger* und klicken Sie auf *Eigenschaften*. Deaktivieren Sie das Kontrollkästchen *Ordnerhierarchie auf Gerät erstellen*.

**3** Der MP3-Player wird im Listenfenster rechts angezeigt. Selektieren Sie nun die gewünschten Musiktitel in der Medienbibliothek und ziehen Sie diese bei gedrückter Maustaste in die *Synchronisierungsliste* (mehrere Titel selektieren und verschieben Sie wie gehabt bei gedrückter ⌐Strg⌐-Taste).

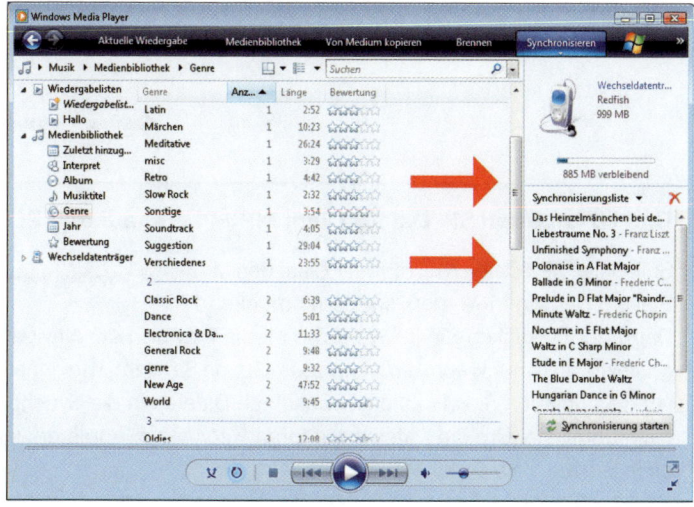

Oder soll auf die Schnelle eine zufällige, dem verfügbaren Speicher entsprechende MP3-Mischung auf den MP3-Player kopiert werden? Dann klicken Sie in der Synchronisierungsliste einfach auf *Musik mischen*. Wenn Ihnen die erstellte Synchronisierungsliste nicht zusagt, löschen Sie diese per Klick auf das Kreuzchen-Symbol.

**4** Klicken Sie abschließend auf *Synchronisierung starten*, um die ausgewählten Dateien auf den MP3-Player zu kopieren.

### Und so kopieren Sie Dateien vom MP3-Player auf den PC

Sollen die MP3-Dateien nicht vom PC auf den MP3-Player übertragen werden, sondern umgekehrt?
Dann doppelklicken Sie im Windows Media Player in der Navigationsleiste links auf *Wechseldatenträger*. Gehen Sie dann wie gehabt vor, verschieben Sie also die gewünschten Dateien in die Synchronisierungsliste. Um die Dateien auf Ihren Rechner zu kopieren, klicken Sie auf *Vom Gerät kopieren*.

## Fehlende Titel werden automatisch ergänzt: Synchronisierung zwischen MP3-Player und PC einrichten

Keine Lust, die MP3s manuell auf den MP3-Player zu kopieren? Es geht auch einfacher: Richten Sie im Windows Media Player eine „Synchronisierungspartnerschaft" ein, d. h., Sie geben die Kriterien vor, wonach die MP3-Dateien automatisch zwischen Medienbibliothek und MP3-Player synchronisiert werden:

**1** Der MP3-Player ist an den Rechner angeschlossen. Klicken Sie im Windows Media Player unter *Synchronisierung* auf *Wechseldatenträger/Synchronisierung einrichten*.

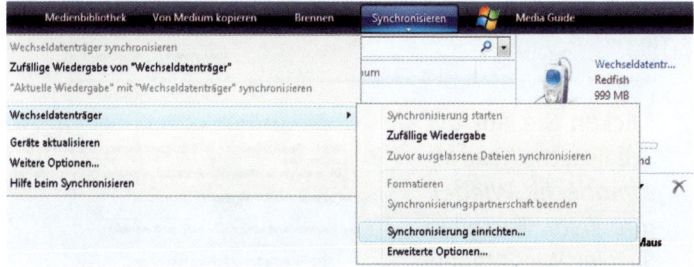

**2** Aktivieren Sie im sich öffnenden Fenster zunächst das Kontrollkästchen Gerät automatisch synchronisieren.

**3** Sie sehen zwei Felder für Wiedergabelisten, wobei im rechten Feld diejenigen automatischen Wiedergabelisten stehen, die standardmäßig mit dem MP3-Player 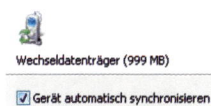 synchronisiert werden. Selektieren Sie diese und klicken Sie auf *Entfernen*, um das Synchronisierungsfeld zu bereinigen. Setzen Sie lieber auf eigene Wiedergabelisten.

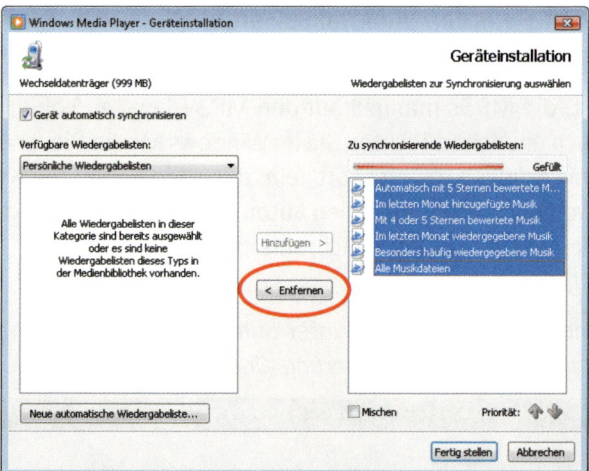

**4** Klicken Sie auf die Schaltfläche *Neue automatische Wiedergabeliste*. Erstellen Sie eine Wiedergabeliste nach eigenen Kriterien, indem Sie auf

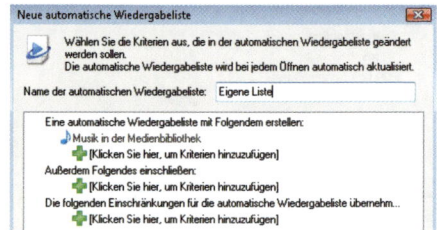

das Plus-Symbol klicken und die gewünschten Kriterien definieren. Zum Schluss klicken Sie auf *OK*, um die Wiedergabeliste dem Feld der zu synchronisierenden Wiedergabelisten hinzuzufügen.

Die Synchronisierung nach den von Ihnen vorgegebenen Kriterien wird nun jeweils durchgeführt, wenn Sie den MP3-Player mit Ihrem Rechner verbinden. Möchten Sie eine „Synchronisierungspartnerschaft" wieder auflösen, wählen Sie unter *Synchronisieren* entsprechend *Wechseldatenträger/Synchronisierungspartnerschaft beenden*.

## Synchronisieren auch ohne Nutzung der Medienbibliothek: Allway Sync

Die Sychronisierung mithilfe der Medienbibliothek im Windows Media Player bietet den Vorteil, MP3s nach zahlreichen Kriterien für eine automatische Synchronisierung zu definieren. Wenn Sie schlicht die Inhalte eines bestimmten Ordners mit dem MP3-Player synchron halten möchten, sind Sie mit dem Freeware-Tool Allway Sync besser beraten. Laden Sie das Programm unter *http://www. allwaysync.com/download.html* aus dem Internet und installieren Sie es auf Ihrem Rechner. Die Anwendung ist kinderleicht:

1 Starten Sie Allway Sync. Sie sehen zwei Adressfelder. Unter jedem Adressfeld befindet sich ein *Browse*-Button, den Sie jeweils anklicken, um die Dateipfade für den zu synchronisierenden Ordner auf dem PC sowie den MP3-Player („Wechseldatenträger") anzugeben.

2 Versichern Sie sich, dass in der Menüleiste unter *Job/Source Folder* die Option *All-way Synchronization Mode* aktiviert ist. Klicken Sie dann auf den Button *Analyze*, um zu sehen, wel-

che Synchronisierungsschritte durchgeführt werden. Wenn im PC-Ordner steht *Does not exist*, wird die entsprechende Datei auf den MP3-Player kopiert, steht wiederum beim MP3-Player *Does not exist*, wird die Datei auf den Computer kopiert.

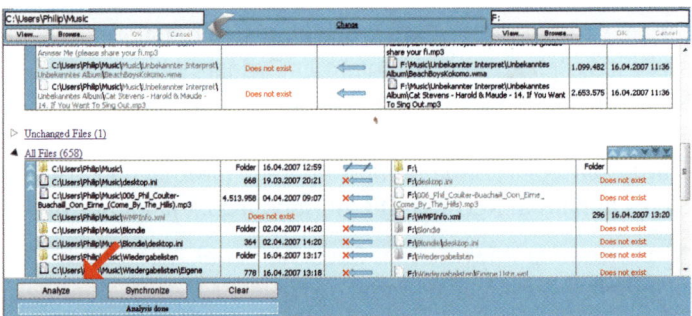

**3** Klicken Sie auf den *Synchronize*-Button, um die Synchronisierung durchzuführen. Dieser Vorgang kann – je nach Dateimenge – einige Zeit in Anspruch nehmen.

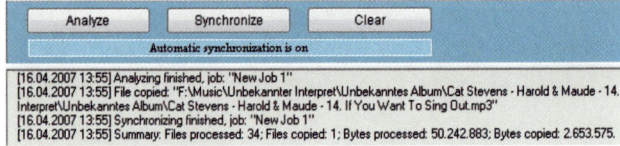

**4** Für die Konfiguration der automatischen Synchronisierung wählen Sie in der Menüleiste *View Options* und klicken unter *Default Profile* auf die von Ihnen zuvor eingerichtete Synchronisierung.

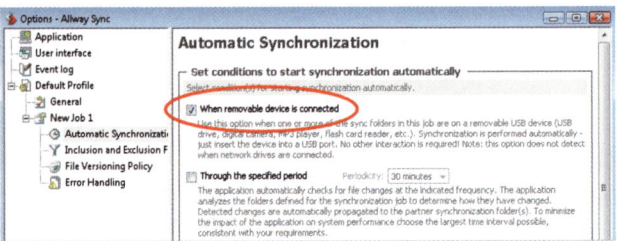

Damit die Synchronisierung beim Anschließen des MP3-Players automatisch startet (vorausgesetzt natürlich, das Programm ist geöffnet), aktivieren Sie unter *Automatic Synchronization* die Option *When removable device ist connected*.

## Unterschiedliche Datei-Formate im Ordner? – So synchronisieren Sie nur MP3-Dateien

WAV- oder RA-Dateien auf den MP3-Player zu kopieren würde wenig Sinn machen. Genau das würde aber bei der automatischen Synchronisierung mit All-

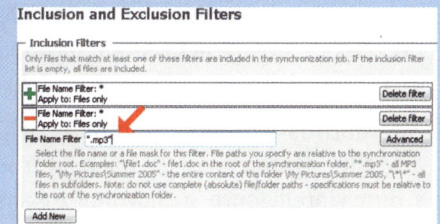

way Sync geschehen, wenn sich die entsprechenden Dateien im zu synchronisierenden Ordner befinden. Kein Problem, da lässt sich Abhilfe schaffen: Unter *View/Options* konfigurieren Sie nämlich nicht nur die automatische Synchronisierung, sondern legen beliebige Filter fest für Dateien, die kopiert bzw. nicht kopiert werden sollen.

Sie wollen ausschließlich MP3-Dateien synchronisieren? Dann klicken Sie auf *Inclusion and Exclusion Filters* und betätigen bei *Inclusion Filters* die Schaltfläche *Add New*. Tippen Sie unter *File Name Filter* ein „*.mp3" und klicken Sie wiederum auf *Add New*, um den Filter hinzuzufügen. In analoger Weise lassen sich „Exclusion Filters" erstellen, um z. B. WAV- oder RA-Files von der Synchronisierung auszuschließen, in dem auch die von Ihnen gekauften Songs gelistet werden.

## Auf die Schnelle: die besten Tipps & Tricks

MP3s aus dem Web ziehen oder selbst erstellen, ist das eine. Auch bei mehreren Hundert MP3s den Durchblick zu behalten das andere. Mit den Tipps & Tricks dieses Kapitels gelingt's:

■ *Jede gesuchte MP3-Datei blitzschnell wiederfinden*

Nutzen Sie den Benutzerordner *Musik* zum Abspeichern Ihrer MP3s und sorgen Sie durch Unterordner für mehr Überblick.

Keine Lust, zig Ordner zu erstellen? Nutzen Sie die Medienbibliothek des Windows Media Player, um Ihre MP3-Dateien zu verwalten. Prima Such- und Sortierfunktionen inklusive.

Alternatives Ordnersystem unter Windows Vista: Fassen Sie Ihre MP3-Dateien – z. B. nach Interpret, Genre etc. geordnet – durch intelligente Suchordner zusammen. Kommen neue Dateien hinzu, die mit den Suchvorgaben übereinstimmen, werden sie automatisch in den „virtuellen Ordner" eingefügt.

Doppelte Dateien ausmisten? Hierbei hilft Ihnen die Freeware Audio Tagging Tools (*http://www.audiotaggingtools.de*). MP3-Dateien einheitlich benennen? Hierbei hilft Ihnen das Tool mp3 RightName (Download unter *http://www.svenbader.de/down loads.htm*).

■ *Datenaustausch zwischen PC und MP3-Player leicht gemacht*

MP3-Dateien manuell auf den MP3-Player kopieren: Am einfachsten geht das mit den Shortcuts [Strg]+[C] (selektierte Dateien kopieren) und [Strg]+[V] (Dateien aus der Zwischenablage in einen Ordner einfügen).

Möchten Sie Ihre MP3-Dateien lieber automatisch synchronisieren lassen, verwenden Sie entweder den Windows Media Player oder das Freeware-Tool Allway Sync (*http://www.allway sync.com*), jeweils mit massig Konfigurationsmöglichkeiten.

# 7. Sie wollen Seminar-Mitschnitte, alte MCs etc. als MP3 auf die Festplatte ziehen? – Kein Problem!

Sie haben bereits erfahren, wie man am besten Audio-CDs als MP3-Dateien auf die Festplatte zieht. Etwas verzwickter sieht es aus, wenn Sie Schallplatten, Kassetten oder Mitschnitte vom Diktiergerät auf den Computer übertragen oder sonstige beliebige Soundmitschnitte von der Soundkarte erstellen möchten. Die Anleitungen in diesem Kapitel zeigen Ihnen, wie's geht.

## Alles eine Frage des richtigen Kabels: So lassen Sie Sounds von Diktiergerät, Kassettenrekorder & Co. am PC abspielen

Für die Aufnahme von analogen Geräten ist zunächst eine kleine Investition erforderlich, denn Sie benötigen ein entsprechendes Kabel, mit dem Sie den Sound auf Ihren PC leiten:

- Wenn Ihre Stereoanlage über einen Line-Ausgang verfügt, nutzen Sie ein evtl. bereits vorhandenes Cinch-Kabel (zwei Cinch-Stecker am einen Ende, 3,5-mm-Klinkenstecker am anderen Ende).

- Verfügt Ihre Anlage, Ihr Kassettenspieler etc. lediglich über einen Kopfhörer-Ausgang, benötigen Sie ein entsprechendes Kabel, das sowohl am einen als auch am anderen Ende über einen 3,5-mm-Klinkenstecker verfügt (natürlich Stereo).

Die Kabel kosten jeweils zwischen fünf und zehn Euro. Eine Investition, die sich in jedem Fall lohnen wird – denken Sie nur einmal daran, wie viel Ihre Platten- oder Kassettensammlung gekostet hat. Außer Platten und Kassetten lassen sich damit auch Aufnahmen von älteren Diktiergeräten digitalisieren und auf dem PC archivieren. Theoretisch sind auch Aufnahmen vom analogen Radioempfänger möglich, wenn die Internetverbindung für Online-Radio nicht ausreicht.

Verbinden Sie ein Gerät (Line- oder Kopfhörerausgang) einfach mithilfe des Kabels mit dem Line-Eingang Ihrer Soundkarte: Die Buchse ist häufig blau gefärbt; falls nicht, erkennen Sie sie an einem Symbol, das Soundwellen darstellt, wobei ein Pfeil nach innen zeigt. Sobald die Verbindung steht, lassen sich Sounds vom Gerät auf dem PC abspielen.

### Wichtig: Line-Aufnahme für die Soundkarte muss aktiviert sein

Da Sie die Sounds ja nicht nur anhören, sondern aufzeichnen möchten, müssen Sie unter Windows Vista die Line-Aufnahme ggf. zunächst aktivieren. Öffnen Sie hierzu im Startmenü die Systemsteuerung und wählen Sie *Hardware und Sound/ Audiogeräte verwalten*. Klicken Sie unter der Registerkarte *Aufnahme* mit der rechten Maustaste auf eine freie Fläche des Fensters und wählen Sie *Deaktivierte Geräte anzeigen*.

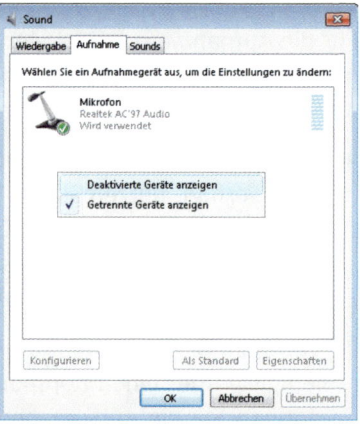

Sie sehen nun, durch ein Cinch-Kabel symbolisiert, unter anderem den Eintrag *Eingang*, den Sie wiederum mit der rechten Maustaste anklicken. Klicken Sie im sich öffnenden Menü auf *Aktivieren* und bestätigen Sie Ihre Auswahl mit *OK*.

Aktivieren Sie auf gleiche Weise die Option *Stereo-Mix*. Diese verwenden Sie, um beliebige Sounds von der Soundkarte mitzuschneiden, z. B. Online-Radio oder sonstige Sounds, die Sie auf einer Webseite oder mit Ihrem Player abspielen lassen.

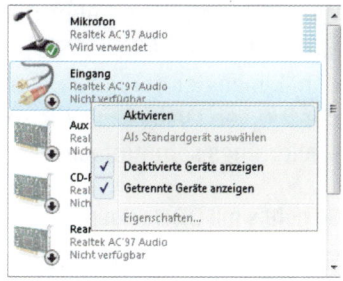

Das war's noch nicht ganz. Selektieren Sie jetzt noch den aktivierten *Eingang* unter der Registerkarte *Aufnahme* und klicken Sie auf

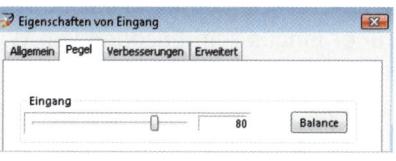

*Eigenschaften*. Unter der Registerkarte *Pegel* der Aufnahme-Eigenschaften ziehen Sie den Schieberegler nach rechts, damit ein Eingangssignal erzeugt wird – wie stark Sie den Regler nach rechts verschieben, hängt von der Stärke des Eingangssignals ab. Wiederholen Sie den Vorgang mit dem aktivierten *Stereo-Mix*.

Unter Windows XP prüfen Sie die entsprechenden Aktivierungen in der Systemsteuerung unter *Sounds, Sprachein-/ausgabe und Audiogeräte*. Klicken Sie auf *Sounds und Audiogeräte*. Betätigen Sie unter der Registerkarte *Audio* den But-

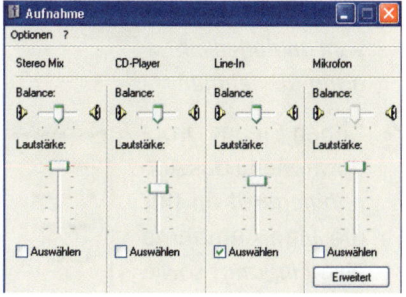

ton *Lautstärke* bei *Soundaufnahme*. Aktivieren Sie das entsprechende Kontrollkästchen und legen Sie per Schieberegler den Soundpegel fest. Wird eine Aufnahme-Option nicht angezeigt, aktivieren Sie zunächst das entsprechende Kontrollkästchen unter *Optionen/Eigenschaften*.

Wenn Sie den Sound über den PC hören und die Line-Aufnahme aktiviert haben, können Sie den Sound nun problemlos mitschneiden. Einige der bereits kennengelernten Tools wie der DSL-Recorder 2.0 von DATA BECKER sowie die Freeware CDex bieten eine – allerdings sehr einfache – Line-Aufnahme an.

### So geht's mit CDex: Sounds vom analogen Gerät mitschneiden

Sie haben CDex (http://cdexos.sourceforge.net) bereits als leistungsstarken CD-Ripper kennengelernt. Das Tool lässt sich darüber hinaus zum Encoden von WAV-Files sowie für Aufnahmen via Soundkarte nutzen, wobei die aufgenommenen Dateien direkt im MP3-Format gespeichert werden. Um mit CDex Sounds vom Line-Eingang aufzunehmen, gehen Sie wie folgt vor:

**1** Schließen Sie das analoge Gerät an den Line-Eingang Ihrer Soundkarte an. Starten Sie zunächst einen Probelauf, um sich zu versichern, dass der Sound am PC zu hören ist.

**2** Klicken Sie in der Menüleiste von CDex auf *Extras/ Vom analogen Eingang aufnehmen*.

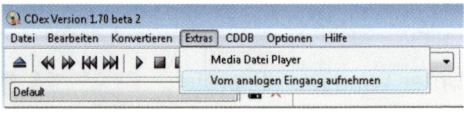

**3** Geben Sie im Dropdown-Menü das *Aufnahmegerät* an (für die Line-Aufnahme also *Eingang*) sowie das Zielverzeichnis für die erstellten Dateien. Unter *Ausgabetyp* entscheiden Sie sich für *LAME MP3 Encoder*.

**4** Starten Sie die Wiedergabe auf dem analogen Gerät und klicken Sie auf *Aufnehmen*, um einen Mitschnitt zu starten. Nach dem Beenden der Aufnahme (Button *Stop*) finden Sie die entsprechende MP3-Datei unter dem angegebenen Dateipfad.

> **Spezialfall Schallplatte: Das müssen Sie beachten!**
>
> Sie möchten die staubigen Schallplatten vom Dachboden digitalisieren? Achten Sie darauf, die Platten zuvor mit einem weichen Tuch oder einer speziellen Plattenbürste gründlich zu reinigen – sonst knistert's in der MP3-Datei. Herkömmliche Plattenspieler können Sie übrigens nicht direkt an den Line-Eingang anschließen, sondern das Ganze muss über einen Verstärker laufen. Dazu können Sie einfach Ihre Stereoanlage verwenden.

## Übersteuerung ade: Soundpegel voll unter Kontrolle

So ganz das Wahre ist die Line-Aufnahme mit CDex natürlich noch nicht, z. B. fehlt eine Pegelanzeige, die Sie vor etwaiger Übersteuerung der Aufnahmen warnt. Und ein automatisches Trennen von Musikstücken ist bei CDex erst recht nicht im Angebot. Sie können höchstens ein bestimmtes Zeitintervall für die Aufnahme festlegen und die Stücke später manuell trennen. Greifen Sie stattdessen lieber auf das Tool Messer zurück.

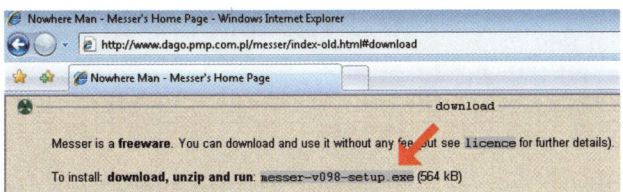

Bei Messer handelt es sich um eines der besten Freeware-Programme für MP3-Aufnahmen, allerdings hat die Sache einen kleinen Haken: die Software wird seit dem Jahr 2000 nicht mehr aktualisiert, und die jüngste Version ist nicht Vista-kompatibel. Greifen Sie stattdessen auf eine ältere Version zurück, die auch unter Windows Vista funktioniert. Sie finden das Programm unter: *http://www.dago.pmp.com.pl/messer/index-old.html* (Version v098).

### Notwendige Voreinstellungen, damit es mit dem Soundmitschnitt richtig klappt

Bevor Sie eine Aufnahme starten, müssen Sie jeweils einige Konfigurationsschritte vornehmen. Das mag anfangs etwas erschreckend wirken, ist aber schnell erledigt. Zur optimalen Aufnahme-Konfiguration in Messer gehen Sie wie folgt vor:

**1** Starten Sie Messer. Klicken Sie auf die Schaltfläche *Configuration*.

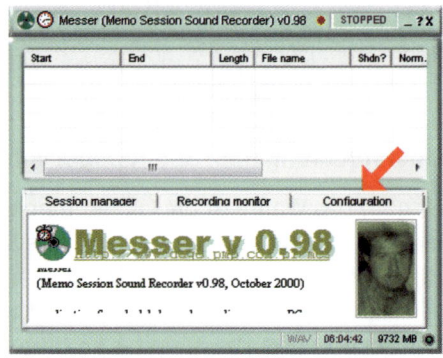

**2** Aktivieren Sie den Radio-Button *mp3 compression*. Klicken Sie dann auf den *mp3*-Button und wählen Sie die gewünschte Bitrate aus (die optimale Bitrate liegt, wie bereits erwähnt, zwischen 128 und 192 kbps).

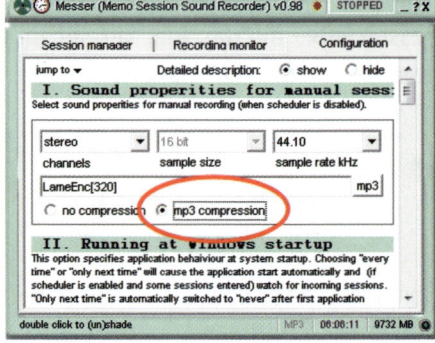

**3** Unter Punkt V –
*Default wavefiles lo-
cation* – geben Sie
den Ausgabepfad für
die erstellten Datei-
en an.

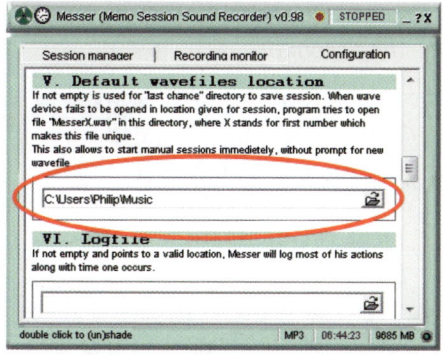

**4** Scrollen Sie nun das
*Configuration*-Fens-
ter bis zum siebten
Punkt – *Sound input
device* – herunter.
Wählen Sie für die
Line-Aufnahme *Ein-
gang* als Aufnahme-
gerät aus. Genauso
können Sie eine Auf-
nahme vom *Mikrofon*

festlegen oder per *Stereo-Mix* beliebige Sounds von der Soundkarte mitschneiden.

**4** Unter Punkt XII können Sie abschließend
noch per Drop-down-
Menü das Messer-
Fenster vergrößern
(per Klick auf den
grünen Button rechts
unten), damit Sie für
die Aufnahmen keine

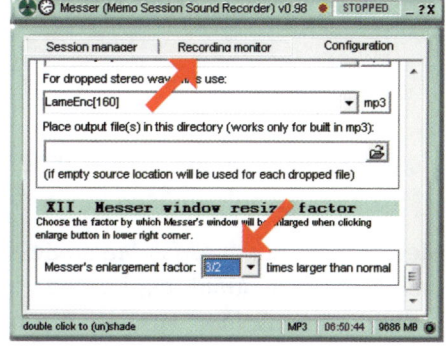

Lupe benötigen. Wechseln Sie dann zur Registerkarte *Recording Monitor*.

**5** Aktivieren Sie das Kontrollkästchen für den Aufnahmepegel (**1**). Der Pegel sollte nicht rechts anstoßen. Ist dies der Fall, verringern Sie die Lautstärke des Eingabegeräts. Klicken Sie dann auf *options* (**2**) und aktivieren Sie die Option *disable scheduler*.

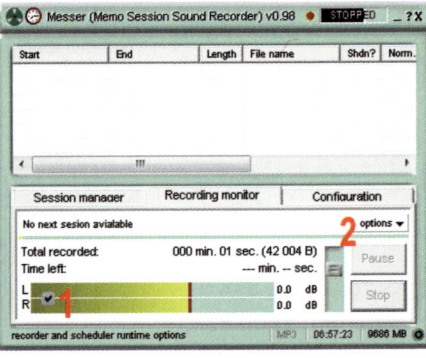

**6** Ein Button *MP3 Rec* erscheint. Klicken Sie diesen an, um nun eine manuelle Aufnahme zu starten. Mit *Stop* beenden Sie die Aufnahme entsprechend. Sie finden die erstellte MP3-Datei unter dem zuvor konfigurierten Dateipfad.

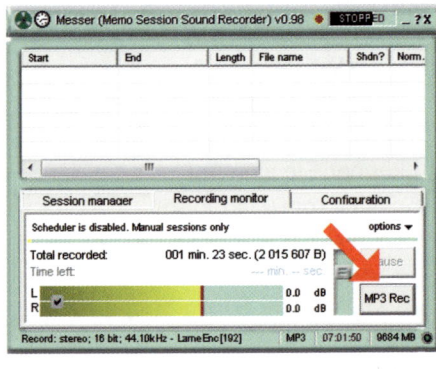

## Messer kann noch mehr: Aufnahmen zeitlich planen – Musikstücke automatisch trennen lassen

Messer steht übrigens für **Me**mo **S**ession **S**ound **R**ecorder. Und das nicht ohne Grund: ein besonderer Vorzug des Programms besteht darin, Aufnahmen nach einem individuellen Zeitplan timen zu können. Die Vorzüge dieses Sachverhalts liegen auf der Hand: Wenn Sie eine komplette Schallplatte aufnehmen, geben Sie einfach den entsprechenden Zeitrahmen an, damit Sie nicht die ganze Zeit die Aufnahme überwachen müssen. Oder zeichnen Sie eine bestimmte Radiosendung auf, während Sie draußen im Garten arbeiten.

Damit es mit der Timer-Aufnahme klappt, müssen Sie zunächst unter *options* wieder auf *disable scheduler* klicken, um die zuvor deaktivierte Funktion zu reaktivieren.

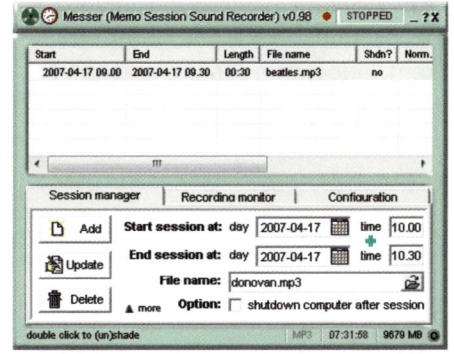

Betätigen Sie anschließend die Schaltfläche *Session manager*. Unter *Start session* wählen Sie nun das gewünschte Startdatum und die Startzeit aus, unter *End session* entsprechend das Ende der Aufnahme. Geben Sie dann den Dateinamen mit der Endung *.mp3* ein und klicken Sie auf den *Add*-Button. Die geplante Aufnahme wird daraufhin oben in die Task-Liste eingefügt.

---

**Nachts aufstehen, um den PC abzuschalten? – Das ist nicht notwendig**

Sind Sie während einer Aufnahme abwesend oder nehmen nachts aus dem Radio auf, aktivieren Sie unter *Session manager* das Kontrollkästchen *shutdown computer after session*. Der Computer wird dann nach erfolgter Aufnahme automatisch heruntergefahren.

## Keine Lust, MP3s manuell zu schneiden? – Automatische Trennung aktivieren

MP3-Dateien lassen sich später problemlos schneiden (siehe Kapitel 8). Sie können es sich aber leichter machen, indem Sie die Musikstücke automatisch trennen lassen, während Sie eine Schallplatte oder Kassette aufnehmen. Das klappt bei Messer allerdings nicht zusammen mit dem Timer, d. h., Sie müssen die Aufnahme wieder manuell starten (unter *options* auf *disable scheduler* klicken). Außerdem funktioniert die automatische Trennung nicht immer, da Sie auf dem Unterschreiten eines bestimmten Soundpegels beruht – was durchaus auch mal während eines Musikstücks eintreten kann.

---

### Unter Windows Vista auch ältere Programme zum Laufen bringen

Wer auf Windows Vista umgestiegen ist, wird schnell die Erfahrung machen, dass ältere Programme oft nicht richtig laufen. Verwenden Sie in diesen Fällen jeweils den Kompatibilitätsmodus. Lässt sich eine Software gar nicht erst installieren? Dann aktivieren Sie den Kompatibilitätsmodus bereits für die Setup-Datei. Mit der Installation unter Windows Vista klappt es dann zwar trotzdem nicht immer, aber zumindest meist.

---

Für das automatische Trennen muss unter Windows Vista zunächst der Kompatibilitätsmodus aktiviert werden, sonst funktioniert es nicht richtig: Klicken Sie dazu die Datei-Programmverknüpfung zu Messer 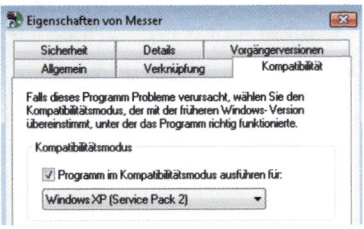 mit der rechten Maustaste an und wählen Sie *Eigenschaften*. Unter der Registerkarte *Kompatibilität* aktivieren Sie das Kontrollkästchen *Programm im Kompatiblitätsmodus ausführen*. Falls Sie Windows XP nutzen, ist dieser Schritt nicht notwendig.

Um die automatische Trennung zu konfigurieren, klicken Sie in Messer auf *options*. Entscheiden Sie sich für den Eintrag *advanced stop*. Aktivieren Sie den Radio-Button *stop when detecting* und die folgenden drei Kontrollkästchen (zweimal *Silence is any sound below* und einmal *restart recording in new file*) und ggf. auch noch die beiden weiteren, um die Aufnahme zum Schluss automatisch zu beenden und den PC herunterzufahren. Bestätigen Sie die Einstellungen abschließend mit *OK*.

Starten Sie jetzt Ihre Aufnahme. Über dem „Recording monitor" erscheint der Hinweis *Silence detection enabled*, wobei jeweils angezeigt wird, wie lange der vorgegebene Pegel unterschritten wurde. Standardmäßig darf der Pegel drei Sekunden unterschritten werden,

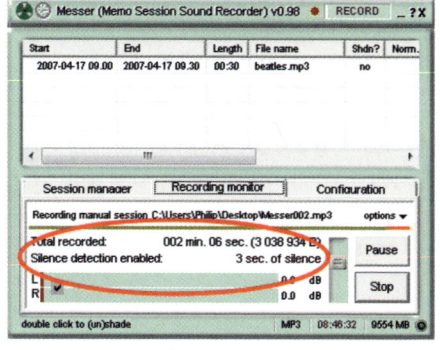

ohne dass eine automatische Trennung erfolgt. Diese erfolgt nach der vierten Sekunde. Die so erstellten MP3-Dateien werden nummeriert im konfigurierten Ordner abgelegt.

### Minutengenaue Aufnahme: So legen Sie die Aufnahmedauer fest

Ein häufiges Szenario bei der manuellen Aufnahme: Sie starten einen Mitschnitt und da klingelt es an der Tür. Eine Bekannte kommt zum Kaffeetrinken, und Sie vergessen evtl., die Aufnahme rechtzeitig zu beenden. Dank Messer muss das nicht sein, legen Sie einfach die genaue Aufnahmedauer fest:

1 Zunächst müssen Sie wissen, wie lang das aufzunehmende Musikstück ist. Rechnen Sie diesen Wert in Sekunden um.

2 Klicken Sie in Messer – wie bereits bei der Konfiguration der automatischen Trennung – auf *options/advanced stop*.

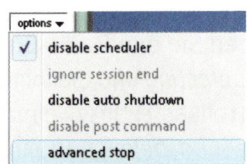

3 Aktivieren Sie im sich öffnenden Fenster die Radio-Buttons *stop recording automatically after* und *from recording start*. In die zugehörige Eingabemaske geben Sie die Aufnahmedauer in Minuten ein. Bestätigen Sie die Einstellungen mit *OK*.

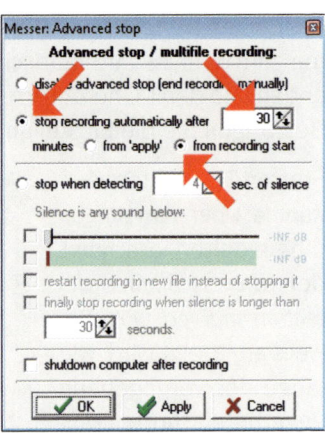

4 Starten Sie die Aufnahme. Sie wird nach dem festgelegten Zeitintervall automatisch beendet.

## Auf die Schnelle: die besten Tipps & Tricks

Lassen Sie Ihre alten Schallplatten etwa auf dem Dachboden vergammeln? Bitte nicht! Auch analoge Medien lassen sich mit wenigen Handgriffen als MP3-Dateien auf dem PC speichern:

■ *Im Handumdrehen analoge Medien auf den PC zaubern*

Kassetten & Co. aufnehmen: mit dem passenden Kabel überhaupt kein Problem. Verwenden Sie – je nach vorhandenen Anschlüssen am Gerät – ein Cinch-Kabel oder ein Verbindungskabel von Kopfhörer-Anschluss zu Line-Eingang.

Je nach Aufnahme-Anforderung muss die entsprechende Option in der Soundkarte aktiviert werden: der Line-Eingang für Mitschnitte von analogen Medien, *Stereo-Mix* für beliebige Sounds (z. B. Klänge auf Webseiten, von Filmen, die Sie abspielen lassen etc.) oder *Mikrofon*, wenn Sie selbst etwas in eine MP3-Datei sprechen oder singen möchten.

Konfiguration abgeschlossen? Dann starten Sie einen einfachen Soundmitschnitt mithilfe des CD-Rippers CDex. Automatisches Speichern als MP3-Datei inklusive.

■ *Für Profi-Ansprüche: Aufnahmen mit der Freeware Messer*

Übersteuerte Aufnahmen, die scheppern? Das muss nicht sein. Nutzen Sie das Tool Messer (kostenloser Download unter der Webadresse *http://www.dago.pmp.com.pl/messer/index-old.html*) um den Soundpegel zu kontrollieren und ggf. zu korrigieren.

Aufnahmen vollautomatisch: Mit Messer verwenden Sie einen Timer, um Ihre Aufnahmen zeitgesteuert zu starten.

Musikstücke automatisch trennen: Nehmen Sie eine komplette LP auf. Sobald ein bestimmter Soundpegel unterschritten wird, trennt Messer die Musikstücke automatisch.

# 8. Für das perfekte Sounderlebnis: So schneiden & tunen Sie Ihre MP3-Dateien

Wenn es mit dem automatischen Trennen bei einer Aufnahme nicht so richtig hinhaut oder der Sound von erstellten MP3-Dateien zu wünschen übrig lässt: Keine Bange – das Ende der Fahnenstange ist noch nicht erreicht. Zum Bearbeiten von MP3s stehen jede Menge kostenloser Tools zur Verfügung, mit denen Sie Ihre Datei klanglich aufpeppen oder im Hinblick auf Dateigröße oder Stücklänge verändern. Sogar ein leistungsstarkes Tonstudio – Audacity – gibt es zum Nulltarif. Alles zum Bearbeiten von MP3-Dateien Wissenswerte, erfahren Sie in diesem Kapitel.

## Ansagetexte wegschnibbeln: So schneiden Sie einen MP3-Song perfekt zu

MP3-Dateien zuschneiden – dazu verwenden Sie das Freeware-Tool mp3DirectCut. Entsprechende Download-Links finden Sie unter der Webadresse *http://www.mpesch3.de.*

Unter Windows Vista führen Sie die heruntergeladene Datei als Administrator aus (Datei mit der rechten Maustaste anklicken, Eintrag *Als Administrator ausführen* wählen). Beim ersten Start werden Sie dazu aufgefordert, im Drop-down-Menü die Sprache der Benutzeroberfläche auszuwählen. Wählen Sie Deutsch und starten Sie das Programm erneut.

Sie möchten Ansagetexte aus einer Radioaufnahme entfernen oder aus der Aufnahme einer kompletten LP die einzelnen Songs als MP3-Dateien abspeichern? Es können Dateien bis zu einer Größe von 4 GByte bearbeitet werden! Das Tool mp3DirectCut macht das Zuschneiden der Dateien kinderleicht:

1 Klicken Sie zunächst in der Menüleiste auf *Datei/Öffnen*, um die zu schneidende MP3-Datei ins Programm zu laden.

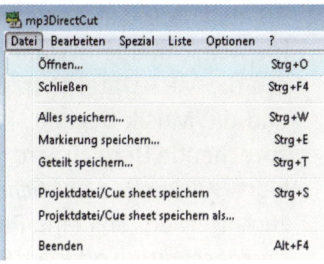

2 Machen Sie sich mit der Benutzeroberfläche von mp3DirectCut vertraut: Das Fenster oben zeigt die MP3-Datei in Form einer Pegelgrafik (**1**) – je höher der Pegel, desto größer die Lautstärke der entsprechenden Passage; den Schieberegler (**2**) unterhalb der grafischen Darstellung verwenden Sie zur schnellen Navigation; im unteren Bereich finden Sie unter *Navigieren* weitere Navigationsmöglichkeiten wie Schritttasten (**3**) sowie Felder zur manuellen Bereichsauswahl (**4**); unten links finden Sie schließlich unter *Bearbeiten* Tasten zum Festlegen des Schnittbereichs und zum Vollziehen eines Schnitts (**5**), unten rechts Tasten zum Vorhören der MP3-Datei (**6**). Das Ganze wirkt anfangs etwas kompliziert, stellt aber nach kurzer Einarbeitung kein Problem mehr dar.

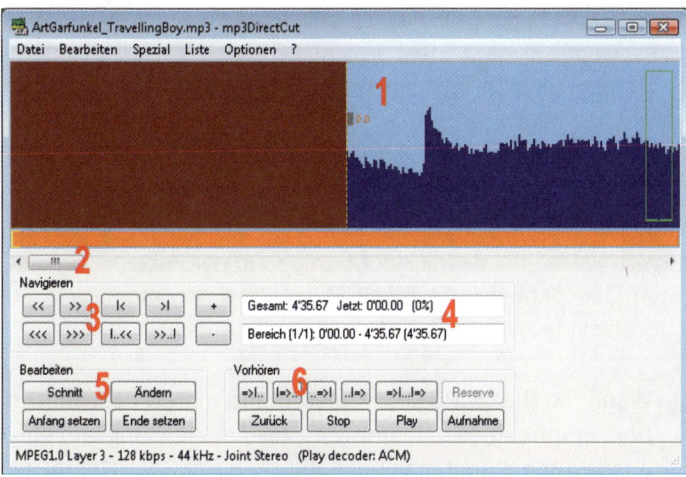

**3** Sie möchten den Ansagetext am Anfang einer Radioaufnahme wegschneiden? Dann klicken Sie einfach auf *Play* und lassen die MP3-Datei abspielen. Sobald der Ansagetext aufhört und die Musik beginnt, klicken Sie auf *Ende setzen*. Der entsprechende Bereich wird in der grafischen Anzeige türkis markiert. Klicken Sie auf *Schnitt*, um die entsprechende Passage zu entfernen. Soll eine Passage innerhalb der MP3-Datei herausgeschnitten oder am Ende der Datei entfernt werden, muss neben dem Endpunkt auch ein Anfangspunkt gesetzt werden, um den Auswahlbereich zu definieren.

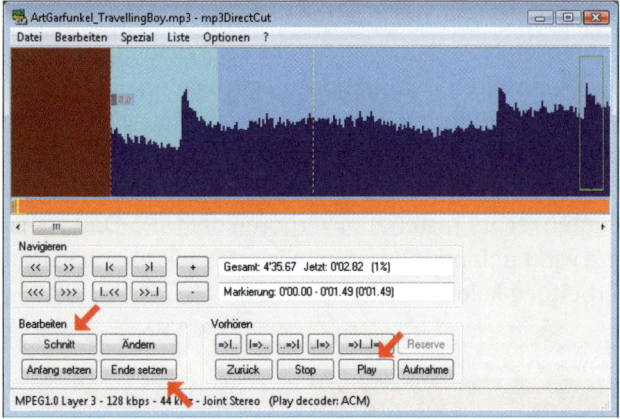

### Einfacher markieren direkt mit der Maus

Statt mit den Buttons können Sie einen bestimmten Bereich auch ganz einfach bei gedrückter Maustaste in der Pegelgrafik markieren. Oder Sie setzen per linkem Mausklick einen Anfangspunkt, per rechtem Mausklick den Endpunkt für den Auswahlbereich.

**4** Wenn Sie Ihre MP3-Dateien vorn und hinten beschnitten haben, empfiehlt es sich meistens, die Dateien langsam ein- und auszufaden, damit man beim Anhören nicht das Gefühl hat, es

fehle etwas. Markieren Sie dazu –
wie für den Schnitt – eine kleine Passage zunächst am Anfang des Titels.
Klicken Sie dann in der Menüleiste
auf *Bearbeiten/Pegel* und betätigen
Sie den *Einblenden*-Button und dann
den *OK*-Button. Das Fade-in wird in

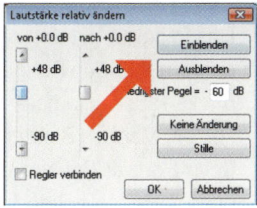

der Pegelgrafik braun dargestellt. Gehen Sie in entsprechender Weise für ein Fade-out am Ende des Musikstücks vor, nur
dass Sie in diesem Fall den *Ausblenden*-Button betätigen.

**5** Datei fertig bearbeitet? Dann klicken Sie auf *Datei/Alles speichern*, um die Datei als MP3-File zu speichern. Soll die Datei
später weiterbearbeitet werden, entscheiden Sie sich für *Da-
tei/Projektdatei speichern*.

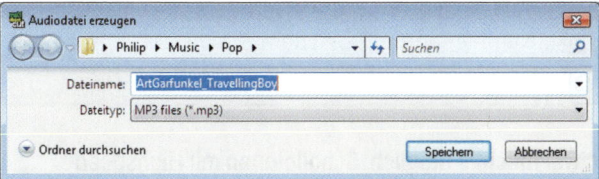

---

**So ziehen Sie die einzelnen Songs aus Ihrer LP-Aufnahme**

Das Beschneiden einer MP3-Datei haben Sie kennengelernt. Wenn
Sie von einer MP3-Datei mehrere Dateien einzeln abspeichern wollen,
geht das noch leichter: Setzen Sie dazu einfach eine Schnittmarke,
indem Sie auf die Trenn-Position in der Pegelgrafik klicken. Betätigen
Sie dann den *Schnitt*-Button (da keine Passage markiert wurde, wird
dabei nichts ausgeschnitten, nur eine Markierung gesetzt).

Wiederholen Sie den Vorgang ggf. für weitere Positionen der MP3-
Datei. Sollen mehrere Songs getrennt werden, erkennen Sie in der
Regel an Stille-Passagen in der Pegelgrafik, wo Sie Schnittmarken
setzen müssen.

Das Programm kann die entsprechenden Schnittmarken auch automatisch setzen. Machen Sie dazu unter *Spezial/Pausen suchen* die entsprechenden Angaben.

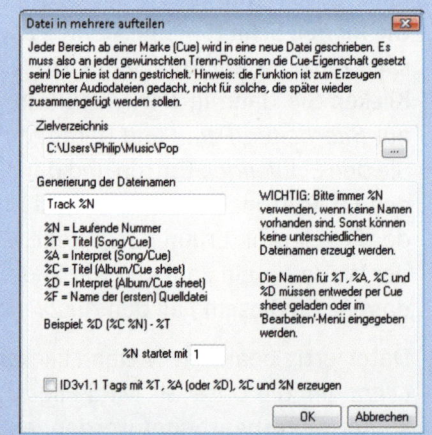

Haben Sie alle Schnittmarkierungen gesetzt? Dann klicken Sie in der Menüleiste von mp3DirectCut auf *Datei/Geteilt speichern*. Geben Sie ein Zielverzeichnis für die von Schnittmarkierung zu Schnittmarkierung erzeugten MP3-Dateien an und wählen den gewünschten Dateinamen inkl. Nummerierung. Speichern Sie mit *OK* mehrere MP3-Dateien gleichzeitig ab.

### mp3DirectCut macht's möglich: Schallplatten mit Highspeed aufnehmen & mehr

Die Freeware mp3DirectCut hat neben dem kinderleichten Schneiden von MP3-Dateien eine Reihe weiterer nützlicher Fähigkeiten: Ist eine MP3-Datei zu leise geraten? Dann öffnen Sie sie mit dem Programm und wählen *Bearbeiten/Pegel normalisieren*, um den Soundpegel der Datei zu optimieren.

Das Tool eignet sich außerdem insbesondere für Schallplattenaufnahmen als Rekorder (vgl. Kapitel 7). Der Clou: Die Platten lassen sich mit größerer Geschwindigkeit abspielen und von mp3-DirectCut mitschneiden.

Hierzu sind zunächst eine Reihe von Einstellungen fällig: Unter *Optionen/Einstellungen* bestimmen Sie unter der Registerkarte

Geräte wie gehabt das Aufnahmegerät (Line-Eingang), unter der Registerkarte *Encoder* legen Sie LAME als Standard für die Aufnahme fest. Klicken Sie auf *Spezial/Turbo-Aufnahme* und bestimmen Sie die Geschwindigkeit, mit der Sie die LP abspielen. Starten Sie dann die Aufnahme.

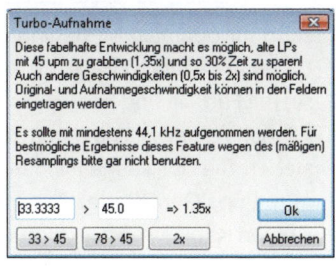

## Fünf Stunden Hörbuch in einer einzigen Datei? – Machen Sie mehrere Clips daraus

Das mp3DirectCut eignet sich auch ausgezeichnet als MP3-Splitter, d. h., Sie schneiden eine große MP3-Datei in mehrere kleinere MP3-Dateien gleicher Größe. Praktisch z. B., um sich jeden Abend vor dem Einschlafen den Teil eines größeren Hörbuchs anzuhören. Es sind nur wenige Handgriffe erforderlich:

1 Klicken Sie in mp3DirectCut auf *Datei/Öffnen*, um die zu splittende MP3-Datei ins Programm zu laden.

2 Wählen Sie nun *Spezial/Auto Cue*. Geben Sie im sich öffnenden Fenster die gewünschte Clip-Länge ein und bestätigen Sie mit *OK*.

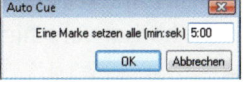

3 Klicken Sie auf *Datei/Geteilt speichern*. Geben Sie Dateipfad und Dateinamen an und speichern Sie die MP3-Dateien mit *OK* ab.

### Massig Euros sparen: MP3-Klingeltöne selbst erstellen

Falls Sie zu den Menschen gehören, die Handy-Klingeltöne für teures Geld kaufen: erstellen Sie diese lieber selbst. Mit den in diesem Buch vorgestellten Tools haben Sie das notwendige Handwerkszeug für optimale MP3-Klingeltöne: Schneiden Sie mit mp3Direct-Cut eine beliebige Passage aus einer MP3-Datei und versehen Sie sie mit Fade-in und Fade-out – schon haben Sie einen wunderbaren Klingelton, den Sie nur noch aufs Handy transferieren müssen. Oder stehen Sie auf ausgefallenere Handy-Klingeltöne wie Hallo-Grüße oder Pups-Geräusche? Dann zeichnen Sie solche Sounds – wie im siebten Kapitel kennengelernt – via Mikrofon-Eingang auf und speichern sie als MP3-Datei ab. Handy-Klingeltöne im Do-it-yourself-Verfahren sparen jede Menge Geld!

## Die MP3-Datei frisst zu viel Speicherplatz? – Verkleinern Sie sie mit wenigen Handgriffen

Eine MP3-Datei zu schneiden, ist das eine – sie zu verkleinern, das andere. Wenn die MP3s speichermäßig zu groß geraten sind, hilft das Beschneiden wenig, stattdessen ist eine qualitative Bearbeitung notwendig, sprich: eine Reduzierung der Bitrate. Dies bringt zwei Vorteile: Sie kriegen mehr Dateien auf Ihren MP3-Player und die Datenübertragung verläuft schneller. Sie müssen lediglich darauf achten, dass sich die Qualität der MP3-Dateien nicht hörbar verschlechtert.

Ein MP3-Hörbuch hat 400 MByte und der MP3-Player fasst nur 256 MByte? Da sind ein paar kleine Bearbeitungsschritte fällig. Als Tool verwenden Sie einen alten Bekannten: die bereits kennengelernte Freeware RazorLame (Download unter *http//www.dors. de/razorlame*) in „Zusammenarbeit" mit LAME. Wie bereits erwähnt, muss in RazorLame zunächst unter *Edit/Options* der Pfad zur Datei *lame.exe* angegeben werden, damit alles richtig klappt. Gehen Sie dann wie folgt vor:

1 Öffnen Sie per *Add*-Button die zu verkleinernde MP3-Datei bzw., wenn gewünscht, auch mehrere MP3-Dateien, um diese im Batch zu verkleinern.

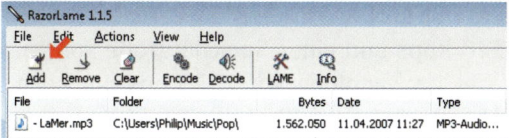

**2** Klicken Sie in der Menüleiste auf *Edit/LAME Options*. Unter der Registerkarte *General* geben Sie per Schieberegler die gewünschte Ausgabequalität an. Je geringer die Bitrate, desto geringer die Speichergröße, desto geringer allerdings auch die Soundqualität.

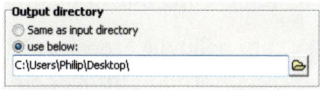

**3** Standardmäßig wird eine von RazorLame erstellte Datei im gleichen Verzeichnis ausgegeben. Bei der Neu-Erstellung von MP3-Dateien ist dies nicht möglich.

Aktivieren Sie unter der Registerkarte *General* deshalb nun noch den Radio-Button *use below* und geben Sie einen abweichenden Speicherpfad für die zu erstellenden MP3-Dateien an. Speichern Sie die Einstellungen mit *OK* ab.

**4** Das war's schon fast. Klicken Sie abschließend auf *Encode*, um die MP3-Datei nach Ihren Vorgaben neu zu erstellen.

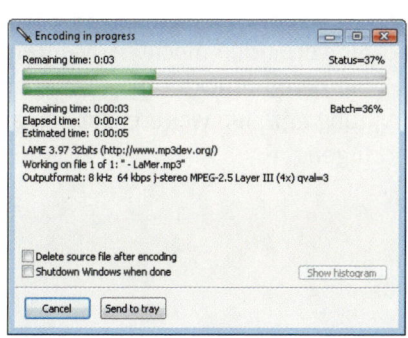

Ein simpler Prozess mit großer Wirkung: Eine Test-Datei mit einer Bitrate von 320 kbps und einer Speichergröße von ca. 8,7 MByte hat nach der Umwandlung auf 192 kbps nur noch 5,3 MByte, nach der Umwandlung auf 128 kbps 3,5 MByte und nach der Umwandlung auf 64 kbps 1,8 MByte Speichergröße. Selbst speicherintensivste Dateien lassen sich auf diese Weise in ein handliches Format bringen.

## Lauter 10-Sekunden-Clips? – So machen Sie eine einzige MP3-Datei daraus

Manchmal sind die Dateien zu groß, manchmal aber auch zu klein: z. B. wenn winzige Passagen von Hörbuch-Texten in jeweils eigenen MP3-Dateien gespeichert werden – mit dem Nachteil, dass viele kleine Dateien weniger übersichtlich sind als eine große.

Besonders auf dem MP3-Player, wo die Navigation zwischen einzelnen Ordnern und Dateien lange nicht so komfortabel ist wie im Windows Explorer, kann das schnell nerven. Vereinigen Sie deshalb zu kleine Clips mit wenigen Handgriffen zu einer großen:

**1** Laden Sie die Freeware MP3 Merger unter der URL *http://www. mp3merge.netfirms.com* aus dem Internet. Entpacken Sie die heruntergeladene ZIP-Datei in einen beliebigen Ordner und starten Sie dann das Programm.

**2** Klicken Sie auf *Add files* und fügen Sie die Dateien hinzu, die Sie verbinden möchten. Mehrere Dateien gleichzeitig wählen Sie bei gedrückter [Strg]-Taste aus. Wiederholen Sie den Vorgang ggf., um weitere Dateien aus anderen Ordnern hinzuzufügen.

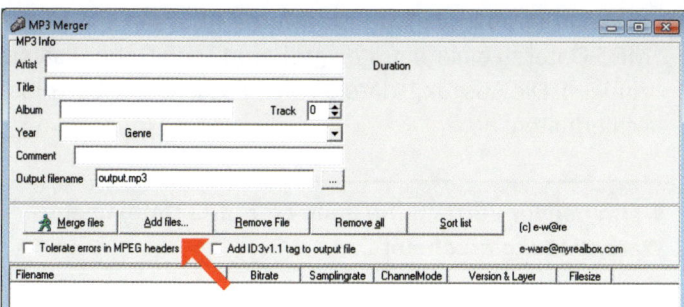

**3** Die Titel stehen nun in der Liste. Stimmt die Reihenfolge? Ansonsten selektieren Sie einen Titel und ziehen ihn bei gedrückter Maustaste in die gewünschte Position.

**4** Geben Sie unter *Output filename* den Speicherort und den Dateinamen der zu erstellenden Datei an.

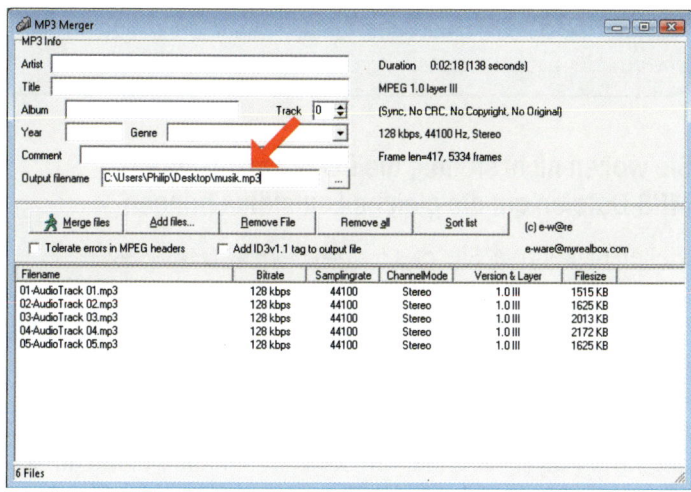

**5** Optional erstellen Sie für die zu erstellende MP3-Datei noch ID3-Tags wie Interpret, Titel etc. Aktivieren Sie in diesem Fall das Kontrollkästchen *ADD ID3v1.1 tag to output file*.

**6** Klicken Sie abschließend auf *Merge files*, um die einzelnen MP3-Datei zu einer einzigen größeren MP3-Datei zusammenzufügen. Die Ausgangsdateien bleiben hierbei selbstverständlich erhalten.

---

**Wenn bei der Verbindung mehrerer MP3-Dateien eine Warnmeldung erscheint ...**

Bei der Verbindung von MP3-Dateien, die auf gleiche Weise erstellt werden – wie es ja z. B. der Fall ist, wenn Sie ein Hörbuch als MP3 auf die Festplatte ziehen –, ist der oben aufgezeigte Prozess kein Problem. Anders sieht es aus, wenn die 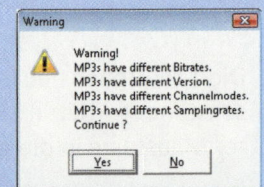 einzelnen MP3-Dateien unterschiedliche Bitraten, Abtastraten etc. haben. In diesem Fall kommt eine Warnmeldung, da es mit dem Verbinden der Dateien dann nicht richtig hinhaut. Um das zu umgehen, würde nur eine Neuerstellung der MP3-Dateien helfen.

---

## Sie wollen nicht ständig die PC-Boxen justieren? – MP3-Dateien auf die gleiche Lautstärke bringen

Vielleicht kennen Sie das? Da haut einem die eine MP3-Datei fast die Ohren weg, die andere hingegen ist viel zu leise aufgenommen. Sie 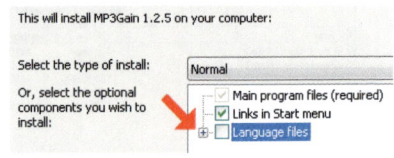 müssten nun ständig am Lautstärke-Regler Ihrer PC-Boxen bzw. des MP3-Players drehen, um die Dateien auf einem Lautstärke-Niveau anhören zu können. Es geht aber auch wesentlich leichter: mit dem exzellenten Freeware-Tool MP3Gain, das Sie unter der Webadresse *http//mp3gain.sourceforge.net* aus dem Internet ziehen. Während der Installation von MP3Gain werden Sie zur

Auswahl der zu installierenden Komponenten aufgefordert. Aktivieren Sie hier unter Language files das deutsche Sprachpaket, damit eine deutsche Benutzeroberfläche für das Programm zur Verfügung steht. Zum Lautstärke-Ausgleich Ihrer MP3-Dateien gehen Sie wie folgt vor:

**1** Starten Sie MP3Gain. Klicken Sie in der Symbolleiste auf *Dateien hinzufügen*, um einzelne Dateien für den Lautstärke-Ausgleich zu wählen, oder *Ordner hinzufügen*, um alle in einem Ordner enthaltenen MP3-Dateien auszugleichen. Bei letzterer Variante werden auch die jeweiligen Unterordner einbezogen, sodass Sie, wenn Sie Ihren Musik-Ordner auswählen, alle Ihre MP3s auf einen Schlag bearbeiten können – das dauert dann aber natürlich etwas länger.

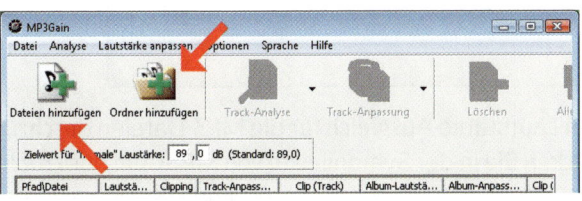

**2** Als Standard-Lautstärke für den Ausgleich sind 89 dB festgelegt. Behalten Sie diese Einstellung ruhig bei. Ein oder zwei Dezibel mehr oder weniger wären aber kein Problem. Geben Sie, wenn gewünscht, einfach einen anderen Zielwert in das Feld oberhalb der MP3-Liste ein. Unter *Optionen* aktivieren Sie den Eintrag *Clipping bei Track-Anpassung vermeiden* (Clipping = Übersteuerung).

**3** Klicken Sie in der Symbolleiste auf *Track-Analyse*. Sie erhalten einen Überblick über einen aktuellen Stand der Dinge. Unter der Kategorie *Lautstärke* sehen Sie die aktuelle Durchschnittslautstärke einer MP3-Datei in Dezibel. Unter der Kategorie

*Track-Anpassung* wird jeweils angezeigt, um wie viel die Laut-stärke einer MP3-Datei erhöht oder gesenkt wird.

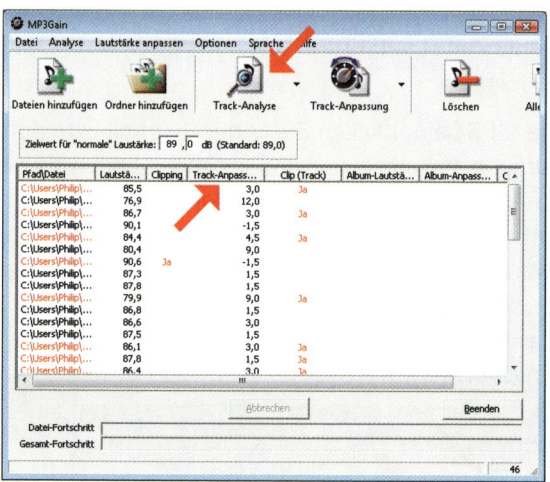

**4** Um den Lautstärke-Ausgleich für die MP3-Dateien durchzufüh-ren, klicken Sie in der Symbolleiste von MP3Gain auf *Track-An-passung*. Der Prozess wird gestartet und kann je nach Anzahl der Dateien eine ganze Weile dauern. Unten in der Benutzer-oberfläche befindet sich eine Statusleiste, in der sich der An-passungsprozess verfolgen lässt.

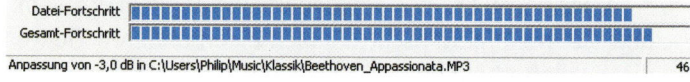

Anpassung von -3,0 dB in C:\Users\Philip\Music\Klassik\Beethoven_Appassionata.MP3            46

Neben dem standardmäßigen Lautstärkeaus-gleich anhand eines Dezibel-Referenzwertes, steht in MP3Gain auch eine Album-Anpas-sung zur Verfügung (und entsprechend die

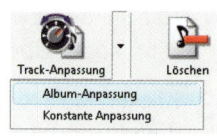

Album-Analyse). Wird z. B. der zweite Satz einer Klaviersonate ex-tra leise gespielt, wäre es natürlich nicht so toll, wenn dieser die gleiche Lautstärke hat wie der laut gespielte erste Satz. Bei der Album-Anpassung wird deshalb der Durchschnittswert eines gesamten Albums ermittelt und als Grundlage für den Lautstärke-ausgleich verwendet. Um diese Bearbeitungsvariante zu verwenden, klicken Sie in der Symbolleiste bei *Track-Anpassung* auf den Drop-down-Pfeil und wählen den Eintrag *Album-Anpassung*.

## Tonstudio auf dem PC: mit Audacity MP3-Sounds mischen und tunen

Für Sound-Fans stehen viele weitere Möglichkeiten der MP3-Bearbeitung zur Verfügung: klangliche Verbesserungen, Soundeffekte, das Mischen von Tonspuren und vieles mehr. Das Ganze komplett zum Nulltarif – mit der Freeware Audacity, deren aktuelle Version Sie unter der URL *http://www. audacity.de* aus dem Internet la-

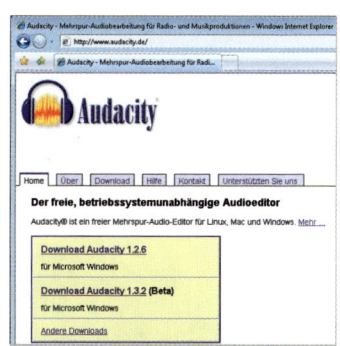

den. Obwohl es sich speichermäßig nur um ein kleines Programm handelt, müssen sich teure Soundeditoren daran messen lassen. Audacity kann praktisch alles!

Das Tool wirkt aufgrund des hohen Funktionsumfangs etwas kompliziert. Nach kurzer Einarbeitung ist das Handling aber absolut kein Problem mehr.

So bearbeiten Sie mit Audacity eine MP3-Datei:

1 Starten Sie das Programm. Klicken Sie in der Menüleiste auf *Datei/Importieren/Audio* und geben Sie den Pfad der zu bearbeitenden MP3-Datei an. Diese wird daraufhin in Audacity importiert.

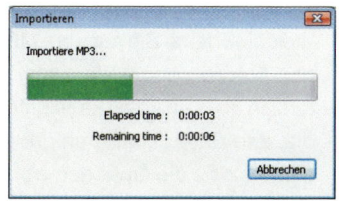

**2** Der Soundpegel der MP3-Datei wird nun grafisch dargestellt (**1**). Links oben in der Benutzeroberfläche finden Sie Funktionsbuttons zum Abspielen der Datei, zur Soundaufnahme etc. sowie zwei Schieberegler zum Festlegen von Ausgangslautstärke und Aufnahmelautstärke (**2**); rechts oben eine Pegelanzeige für Ausgang und Aufnahme (**3**). Für die Bearbeitung sehr wichtig ist die Auswahlanzeige unten in der Benutzeroberfläche (**4**) – sie gibt Auskunft darüber, welche Passage einer MP3-Datei Sie markiert haben.

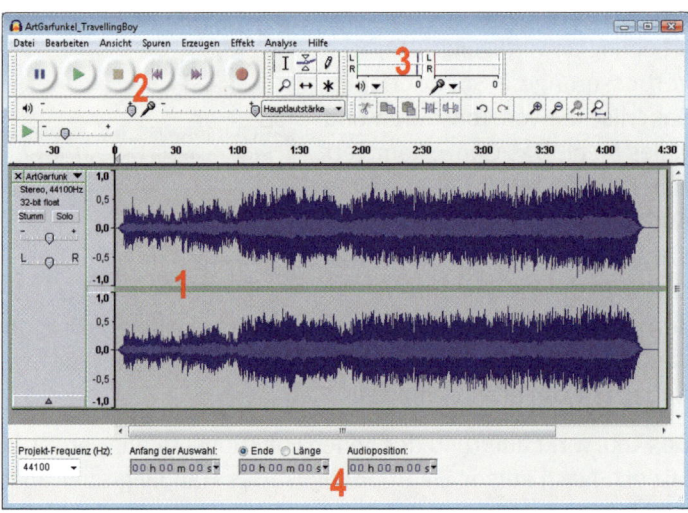

### Die Qual der Wahl: Welche Effekte sind wirklich sinnvoll?

Welche Effekte Sie auf eine MP3-Datei anwenden, hängt letztlich von den Anforderungen der Datei selbst sowie Ihren individuellen Präferenzen ab. Prinzipiell kann unterschieden werden zwischen Effekten, die eine Datei reparieren und solchen, die sie nur verschönern. So dienen z. B. die Optionen *Normalisieren* (Lautstärkeausgleich) und *Rauschentfernung* der Reparatur, *Bass-Verstärkung* oder *Equalizer* hingegen der Verschönerung. Selbstverständlich befinden sich

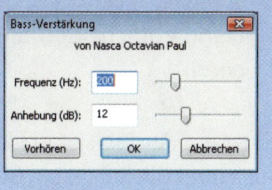

auch professionelle Fade-in- und Fade-out-Effekte im Repertoire. Probieren Sie die einzelnen Funktionen am besten eine nach der anderen aus – die komplette Darstellung würde den Rahmen dieses Buches deutlich sprengen.

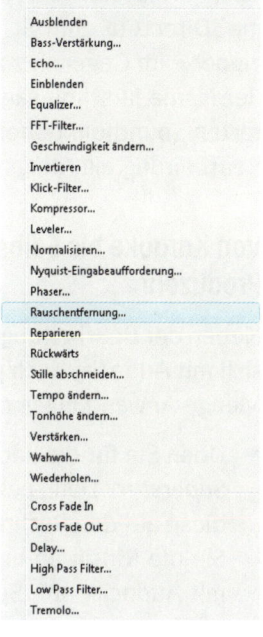

**3** Sie möchten eine MP3-Datei klanglich tunen? Markieren Sie mit der Maus den gewünschten Bereich in der Pegelgrafik. Verwenden Sie ggf. die Tastenkombination [Strg]+[A], um die gesamte Datei zu markieren. Klicken Sie auf *Effekt* und wählen Sie die gewünschte Funktion aus. Der gewünschte Bearbeitungsschritt wird danach nach Ihren Vorgaben ausgeführt. Sagt Ihnen das Ergebnis nicht zu, lässt er sich später mit *Bearbeiten/Rückgängig* zurücknehmen.

**4** Sound optimal? Dann speichern Sie die Datei ab. Klicken Sie dazu auf *Datei/Exportieren als/MP3*. Auch Audacity verwendet den LAME-Encoder. Sie werden entsprechend beim ersten Abspeichern dazu aufgefordert, den LAME-Dateipfad anzugeben.

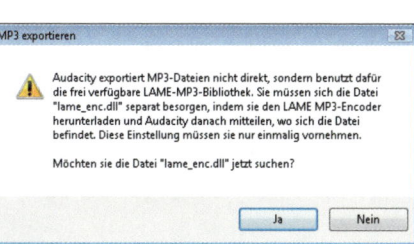

Nachdem Sie diese Angabe gemacht haben, wird die bearbeitete MP3-Datei gespeichert. Möchten Sie eine Datei später weiter bearbeiten? Dann entscheiden Sie sich für die Option *Datei/Projekt speichern*.

Hinweis: Audacity verfügt selbstverständlich auch über die Fähigkeit, Sounddateien zu schneiden, worauf hier aber nicht näher eingegangen wird. Da das Tool die bearbeiteten MP3-Dateien jeweils neu erstellen muss, ist das bereits empfohlene Tool mp3DirectCut zum Schneiden von MP3s wesentlich besser geeignet – im Gegensatz zu Audacity schneidet dieses nämlich, wie der Name ja schon sagt, die MP3-Dateien direkt. Für die erweiterten Soundfunktionen, wie sie Audacity bietet, ist eine direkte Bearbeitung allerdings nicht möglich.

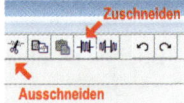

## Von Karaoke bis Selbsthypnose: Werden Sie Ihr eigener Produzent

Neben der Bearbeitung bereits vorhandener MP3-Dateien lassen sich mit Audacity auch pfiffige eigene MP3s erstellen – mit jeder Menge Anwendungsmöglichkeiten. Hier einige Vorschläge:

- Üben Sie für die nächste Ausgabe von *Deutschland sucht den Superstar*? Dann besorgen Sie sich eine Karaoke-CD und ziehen diese auf den Rechner. Schließen Sie ein Mikrofon an, spielen Sie die Musik ab und zeichnen Sie gleichzeitig Ihren Gesang mit Audacity auf. Speichern Sie dann das Ganze – importierte Musik und aufgenommenen Gesang – als MP3-Datei ab.

- Oder möchten Sie abnehmen? Dann versuchen Sie es doch mal mit Selbsthypnose. Verwenden Sie eine ruhige Hintergrundmusik und sprechen Sie dazu einen Motivationstext ins Mikrofon. Professionell als CD gebrannt, können Sie Ihre Produktion vielleicht sogar bei eBay an den Mann bringen.

- Sind Sie Mitglied einer Band? Jeder liefert dann per Mikrofon oder Line-Eingang seinen Part zu einem Musikstück. Mithilfe von Audacity werden die einzelnen Tonspuren zusammengemischt.

Das Aufnehmen und Zusammenmischen von Sounds geht mit Audacity ganz einfach. Sollen mehrere

bestehende MP3-Dateien zusammengemischt werden, dann importieren Sie diese nacheinander mit *Datei/Importieren/Audio*, sodass die jeweiligen Tonspuren untereinander dargestellt werden. Wählen Sie dann *Datei/Exportieren als/MP3*. Es erscheint der Hinweis, dass die Dateien zusammengemischt werden, den Sie mit *OK* beantworten, um anschließend den Speicherpfad anzugeben.

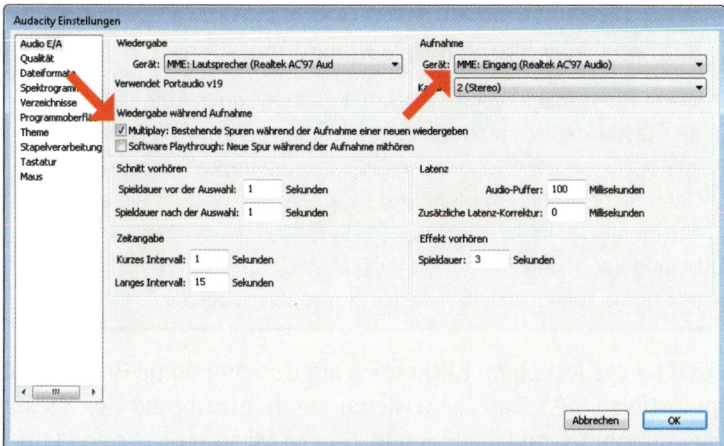

Soll eine neue Tonspur aufgezeichnet werden, sind zunächst einige Einstellungen erforderlich: Klicken Sie in der Menüleiste von Audacity auf *Bearbeiten/Einstellungen*. Geben Sie im Drop-down-

Menü unter *Aufnahme* das gewünschte Aufnahmegerät an (wie gehabt: Line-Eingang, Stereo-Mix oder Mikrofon). Aktivieren Sie außerdem das Kontrollkästchen *Multiplay: Bestehende Spuren während der Aufnahme einer neuen wiedergeben.* Bestätigen Sie die Einstellungen mit *OK*.

Importieren Sie nun ggf. die einer Aufnahme

zugrunde liegende Datei wie Karaoke- oder Hintergrundmusik. Starten Sie per Klick auf das Rekorder-Symbol eine Probeaufnahme und prüfen Sie die Pegelanzeige.

Die beiden Pegel sollten von der Lautstärke her in etwa übereinstimmen. Ist dies nicht gegeben, verschieben Sie die Pegelregler, um die Pegel auszugleichen. Entfernen Sie anschließend die Probe-Tonspur durch einen Klick auf das zugehörige Kreuzchen in der Pegelgrafik.

### Schneller navigieren mit Tastenkombinationen

Wenn Sie Audacity häufig nutzen, lohnt es sich, mit den bestehenden Tastaturkombinationen vertraut zu werden, um die Bearbeitung zu beschleunigen. So müssen Sie sich zum Importieren einer MP3-Datei nicht durch die Menüleiste klicken. Verwenden Sie stattdessen einfach den Shortcut Strg+I. Jede Menge weiterer Tastenkombinationen finden Sie unter *Bearbeiten/Einstellungen/Tastatur*. Die Shortcuts lassen sich hier sogar individuell zuweisen.

Jetzt kann's losgehen: Klicken Sie auf den Aufnahme-Button. Die importierte MP3-Datei wird wiedergegeben, während gleichzeitig die Aufnahme von Line-Eingang, Stereo-Mix oder Mikrofon läuft. Per *Stop*-Button beenden Sie die Aufnahme. Speichern Sie das Ganze wiederum mit *Datei/Exportieren als/MP3* ab.

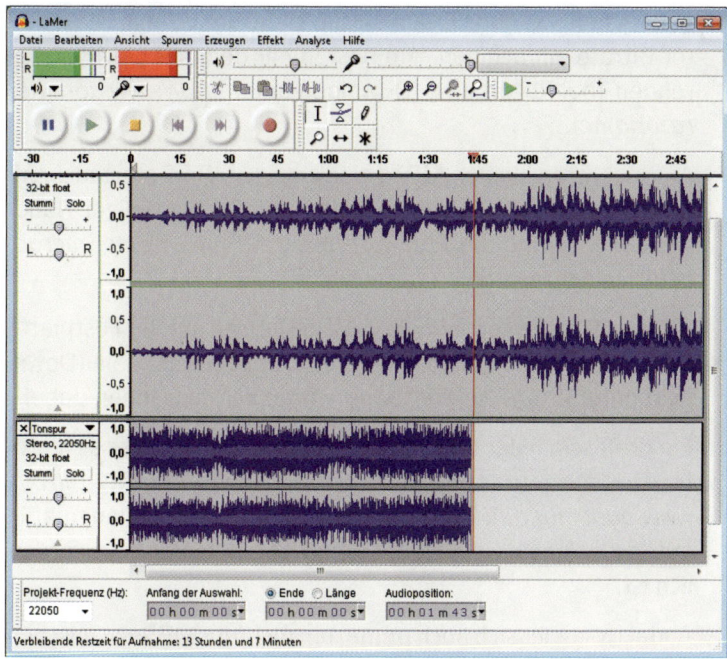

## Auf die Schnelle: die besten Tipps & Tricks

MP3-Dateien schneiden, verkleinern oder klangmäßig tunen – mit den richtigen Tools ist das überhaupt kein Problem:

■ *Alles für lau: kostenlose MP3-Tools, die es in sich haben*

Ansagetexte oder Werbeeinblendungen wegschneiden, MP3-Dateien splitten, Handy-Klingeltöne aus einer MP3-Datei extrahieren und mehr. Verwenden Sie hierzu das Freeware-Tool mp3DirectCut (*http://www.mpesch3.de*). Die MP3-Dateien werden direkt bearbeitet und müssen nach der Bearbeitung nicht neu erstellt werden.

MP3-Dateien speichermäßig verkleinern – je nach Ausgangsqualität müssen hierbei nicht immer Qualitätsabstriche in Kauf genommen werden. Erstellen Sie die Dateien mit veränderter Bitrate einfach neu. Am besten mit dem auf LAME basierenden Tool RazorLame (Download unter *http//www.dors.de/razorlame*).

Aus mehreren kleinen MP3s eine einzige MP3-Datei machen? Mit dem Tool MP3 Merger ist das eine Sache weniger Handgriffe. Laden Sie die Freeware unter *http://www.mp3merge.netfirms.com* aus dem Internet.

Bringen Sie Ihre gesammelten MP3-Dateien auf der Festplatte auf den gleichen Lautstärke-Level. Das Tool MP3Gain (Download unter *http//mp3gain.sourceforge.net*) hilft Ihnen dabei.

Ein professioneller und kostenloser Audio-Editor, der sich problemlos mit teurer Software messen kann: Audacity (*http://www.audacity.de*). Damit bringen Sie Ihre MP3s klangmäßig auf Vordermann, wobei jedoch eine Neu-Enkodierung erforderlich ist.

Audacity eignet sich auch prima, um mehrere MP3s zu mischen – auch mit eigenen Aufnahmen. Die verschiedenen Tonspuren lassen sich mit wenigen Mausklicks als eine MP3-Datei abspeichern. Damit werden Sie selbst zum Musik-Produzenten.

# 9. Songs auf dem CD-Player abspielen: So brennen Sie Ihre MP3s als Audio-CD

Nun haben Sie jede Menge MP3s: gekaufte, gerippte, kostenlos heruntergeladene und selbst erstellte – aber leider steht nicht überall ein MP3-Player zur Verfügung. Kein Problem! Brennen Sie die Musik einfach auf eine CD, um sie auf einem beliebigen CD-Player abspielen zu lassen. Dazu brauchen Sie einen CD-Brenner, der ja wohl vorhanden sein dürfte (es sei denn Sie haben einen ganz, ganz alten Rechner, dann müssen Sie nachrüsten). Außerdem benötigen Sie CD-Rohlinge, wobei Sie beachten müssen: je größer die Packung, desto günstiger in der Regel der Preis pro CD. Leisten Sie sich deshalb am besten gleich eine 100er-Spindel, die dürfte eine Weile reichen. Kostenpunkt: rund 25 Euro = 25 Cent pro CD.

## Daten-Disk oder Audio-CD? – Die Vor- und Nachteile

Sie haben prinzipiell zwei Optionen, Ihre MP3s auf CD zu brennen: als Audio-CD, die Sie auf jedem beliebigen CD-Player wiedergeben können, oder als Daten-CD – die vor allem zur Archivierung und für die Nutzung auf anderen Rechnern gedacht ist, sich aber auch in so mancher neueren Stereoanlage abspielen lässt. Die Vorteile der Daten-Disk liegen auf der Hand:

■ Die MP3-Dateien lassen sich auf einen anderen Rechner kopieren, ohne diese neu komprimieren zu müssen.

■ In der komprimierten Form können Sie viel mehr Dateien auf eine CD brennen. Eine herkömmliche CD-ROM fasst 700 MByte. Bei z. B. 3,5 MByte Speicherbedarf pro MP3-Datei passen bis zu 200 MP3s auf eine einzige Disk. (Wenn Sie die Kosten pro CD-Rohling einkalkulieren wollen: Sie sparen gegenüber der Audio-CD 90 %).

Dem gegenüber werden die Titel auf Audio-CD dekomprimiert gebrannt, d. h., Sie haben wieder etwa das Zehnfache an Speicherbedarf – aus 200 Titeln auf der Daten-Disk werden, wenn es hochkommt, zwanzig auf der Audio-CD: maximal rund 80 Minuten Spieldauer. Soll eine CD auf jedem beliebigen CD-Player abgespielt werden können, gibt es zur Audio-CD allerdings keine Alternative.

---

**Auch ohne Audio-CD: MP3s über die Stereoanlage wiedergeben**

Audio-CDs sind inzwischen fast schon out of date. Wenn Sie sich eine neue Stereoanlage zulegen, achten Sie unbedingt darauf, dass diese eine MP3-Wiedergabe unterstützt. Und falls Sie

**Produktbeschreibungen**
Micro-Stereo-System, 2x15 Watt Nennleistung, 2x30 Watt maximale Musikleistung, Bassverstärkung, CD-Player, Wiedergabeformate: Audio-CD, CD-R/-RW, MP3, WMA, ID3-Tag, RDS-Radioteil, 2-Wege Lautsprecher-Boxen

MP3-Dateien über eine ältere Anlage laufenlassen wollen, schließen Sie doch einfach per Cinch-Kabel Ihren MP3-Player an.

---

## Brennliste erstellen, und los geht's: Brennen mit dem Windows Media Player

Zum Brennen – sowohl von Audio-CDs als auch von Daten-CDs – verwenden Sie am besten Ihren Windows Media Player 11. Grundsätzlich beruht dieser auf den in der Medienbibliothek vorhandenen Dateien, d. h., Sie ziehen die Dateien wie beim Erstellen einer Wiedergabeliste einfach in die Brennliste und starten den Brennvorgang. Um unabhängig von der Medienbibliothek Audio- oder Daten-CDs zu brennen, gehen Sie wie folgt vor:

1 Erstellen Sie eine Wiedergabeliste mit den Dateien, die Sie auf CD brennen möchten, und öffnen Sie diese im

**Explorer**
Öffnen
Suchen...
Zur Windows Media Player-Wiedergabeliste hinzufügen
Mit Windows Media Player wiedergeben
Musik online kaufen

Anschluss. Achten Sie dabei auf die Dateigrößen bei Daten-Disks (höchstens 700 MByte) bzw. die Spieldauer bei Audio-CDs (höchstens 80 Minuten). Alternativ klicken Sie im Windows Explorer die zu brennenden Dateien (bzw. Ordner, die zu brennende Dateien enthalten) mit der rechten Maustaste an und wählen *Zur Windows Media Player-Wiedergabeliste hinzufügen*.

---

**Noch einfacher: Daten-Disks aus dem Windows Explorer brennen**

Zum Brennen von Daten-CDs können Sie  auch einfach den Windows Explorer verwenden – sowohl unter Windows Vista als auch unter XP. Unter Windows Vista selektieren Sie einfach die zu brennenden Dateien und Ordner. Klicken Sie dann in der Menüleiste auf *Brennen*. Unter Windows XP selektieren Sie ebenfalls die gewünschten Dateien und Ordner. Klicken Sie dann unter *Datei/<Datei- bzw. Ordnername>* auf *Senden an/<Brenn-Laufwerk>*. Folgen Sie den weiteren Anweisungen Ihres Computers.

---

**2** Der Windows Media Player öffnet sich und startet die Wiedergabe. Rechts wird die Wiedergabeliste *Aktuelle Wiedergabe* angezeigt.

Bringen Sie ggf. Dateien in dieser Liste in eine andere Position, indem Sie sie bei gedrückter Maustaste verschieben.

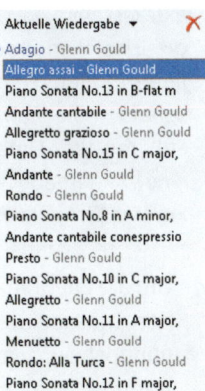

**3** Klicken Sie in der Menüleiste des Windows Media
Player zweimal auf *Bren-
nen*. Entscheiden Sie hier
per Mausklick auf den entsprechenden Eintrag, ob Sie
eine Audio-CD oder eine Daten-Disk brennen möchten.

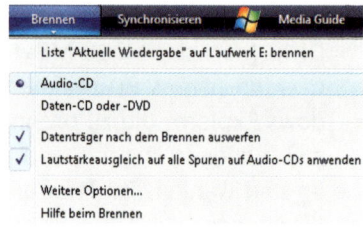

---

## Vor dem Brennen: Einstellungen im Windows Media Player überprüfen

Standardmäßig sind die Brenn-
Einstellungen im Windows
Media Player fast so, wie sie
sein sollen. Prüfen Sie die Einstellungen, indem Sie zweimal
auf *Brennen* klicken und *Weitere Optionen* wählen. Für Audio-CDs sollte das Kontrollkästchen Lautstärkeregelung
aktiviert sein, bei Daten-Disks
die Einstellung *nicht konvertieren*. Empfehlenswert: Entscheiden Sie sich bei der Erstellung von Daten-CDs für
eine Wiedergabeliste im M3U-
Format (Drop-down-Menü).

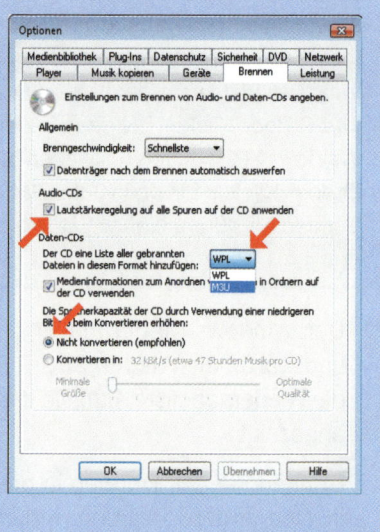

---

**4** Um die Wiedergabeliste zu brennen, müssen Sie unter Brennen
nur noch auf *Liste „Aktuelle Wiedergabe" auf Laufwerk brennen*
klicken. Sie werden zum Einle-

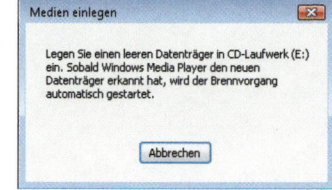

gen einer leeren CD aufgefordert. Leisten Sie dieser Auffor-
derung Folge, um den Brennvorgang zu starten. Das Brennen
der CD kann eine Weile dauern – Zeit für eine Kaffeepause!

## Zum Nulltarif: alternatives Brenntool als Freeware aus dem Web saugen

Es gibt jede Menge weiterer Brenntools, die das Brennen von
MP3-Dateien als Audio-CD (Daten-Disk ja sowieso) ermöglichen.
Sehr empfehlenswert ist die Freeware Burn4Free, die jede Menge Funktionen bei gleichzeitig einfacher Handhabung bietet. Laden Sie diese Software unter *http://www.burn4free.com* aus dem
Internet. Achten Sie gleich bei der Installation darauf, das deutsche Sprachpaket zu aktivieren. So funktioniert das Brennen einer Audio-CD mit Burn4Free:

1 Zunächst werden Sie sich vielleicht von der Größe der Symbolleiste etwas erschlagen fühlen.

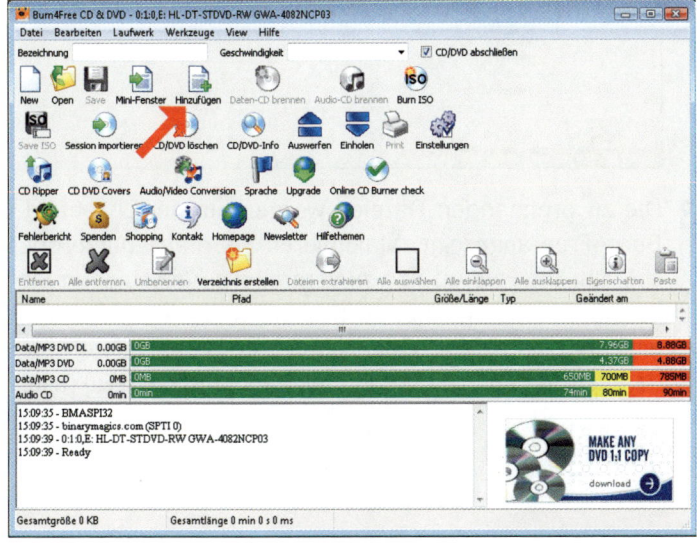

Lassen Sie sich dadurch nicht irritieren. Suchen Sie in der Liste einfach das Symbol *Hinzufügen* heraus und klicken Sie es an.

2 Sie sehen eine Menüstruktur ähnlich der des Windows Explorers. Geben Sie im Baummenü (**1**) den Ordner an, in dem die zu brennenden MP3-Dateien enthalten sind bzw. wählen Sie Dateien innerhalb eines Ordners aus (wenn Sie einen ganzen Ordner auswählen, werden auch die in etwaigen Unterordnern enthaltenen Dateien der Brennliste hinzugefügt). Klicken Sie nach Abschluss Ihrer Auswahl links unten auf *Hinzufügen* (**2**).

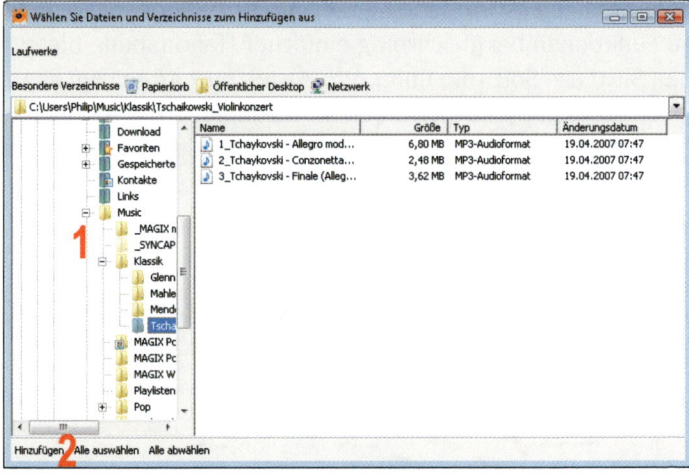

3 Die zu brennenden Dateien werden nun im Listenfeld von Burn4Free angezeigt. Maximieren Sie die Benutzeroberfläche, um die Feldanzeige zu vergrößern. Verschieben Sie vor dem Brennen ggf. einzelne Titel bei gedrückter Maustaste in eine andere Position. Oder ist die Liste etwas zu lang geraten, dann entfernen Sie Titel per Selektion und der (Entf)-Taste.

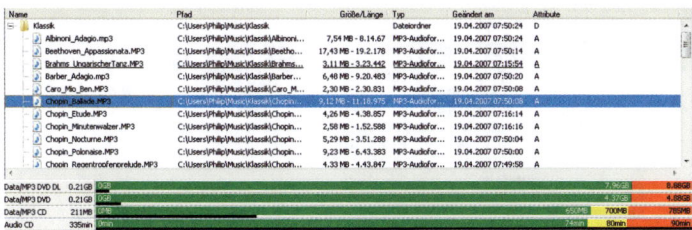

**4** Legen Sie abschließend eine leere CD-ROM ins Laufwerk ein und klicken Sie auf das Symbol *Audio-CD brennen*. Die MP3s werden vor dem Brennen konvertiert und

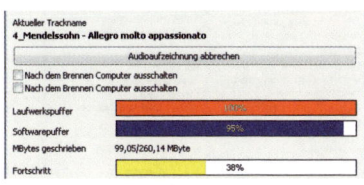

dann auf den Datenträger geschrieben.

## Echt professionell: Label, Cover und Einleger für Ihre Audio-CD erstellen

Nachdem Sie Ihre CDs gebrannt haben, wollen Sie diese sicher auch etwas ansprechender gestalten – mit Cover, Inlay und evtl. einem Label. Empfehlenswert hierfür: die „CD/DVD Druckerei 6 mit Papier" von DATA BECKER (ISBN 978-3-8158-7245-1). Neben der Software zum kreativen Entwerfen von Covers usw. (inkl. 4.000 vorgefertigten Layouts!) sind in dem Paket für 19,95 Euro auch schon jeweils 20 Etiketten und Einleger enthalten.

Besonders praktisch: Das Tool kann selbstständig die Titelinformationen aus den Dateien auslesen und für die CD-Gestaltung nutzen. Weitere Infos zum Computerbild-Testsieger in der Ausgabe 09/07 finden Sie unter der URL *http://www.cddruckerei.de*. Weitere Etiketten zum Labeln etc. gibt es – natürlich auch von DATA BECKER – bei MediaMarkt & Co.

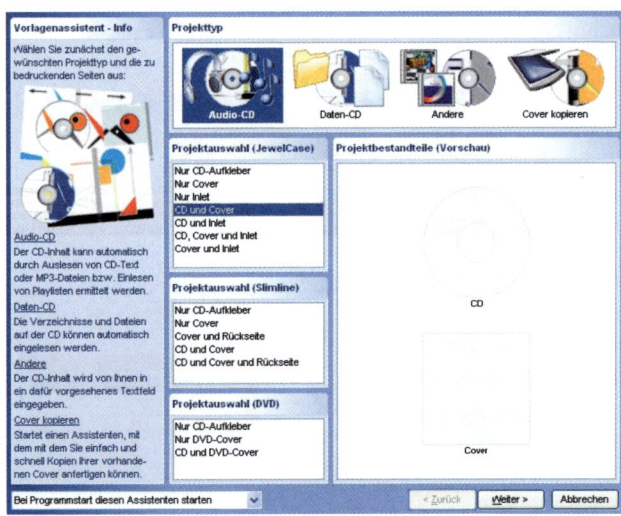

## Hier finden Sie ein Cover für Ihre Sicherungs-CD

Sie suchen das Original-Cover für eine Sicherungskopie? Dafür gibt es eine extra Suchmaschine. Sie finden diese unter der URL *http:// www.seekacover.com*.

## Auf die Schnelle: die besten Tipps & Tricks

Die auf der Festplatte gespeicherten MP3-Dateien als Audio-CD oder Daten-Disk zu brennen, bedarf es keiner besonderen Talente. Mit ein wenig Know-how ist alles ganz einfach:

## ■ *Die große Frage: Audio-CD oder Daten-Disk*

Sie haben zwei Optionen zum Brennen von MP3s auf CD, die sich letztlich nach Ihren Nutzungswünschen richten. Grundsätzlich bieten Daten-Disks den Vorteil, dass rund zehnmal mehr MP3-Dateien darauf abgespeichert werden können. Die Audio-CD lässt sich dafür auf jedem beliebigen CD-Player abspielen.

Lieber doch nicht brennen? Schließen Sie stattdessen einfach Ihren MP3-Player an die Stereoanlage an. Mithilfe eines Cinch-Kabels ist das in der Regel kein Problem!

## ■ *Brennen wie die Profis: mit diesen Programmen kein Problem*

Verwenden Sie den Windows Media Player sowohl zum Brennen von Audio-CDs als auch von MP3-Daten-Disks. Starten Sie dazu einfach die Wiedergabe aller zu brennenden Dateien, bringen Sie diese in der Wiedergabeliste in die richtige Reihenfolge und lassen Sie den Windows Media Player dann die aktuelle Liste brennen.

Eine Daten-Disk auf die Schnelle? Dazu können Sie auch – sowohl unter Windows Vista als auch unter XP – den Windows Explorer verwenden.

Ebenfalls kostenlos und mit viel mehr Funktionen ausgestattet als der Windows Media Player ist das Tool Burn4Free (kostenloser Download unter der URL *http://www.burn4free.com*).

Brauchen Sie jetzt noch das Original-Cover für die Sicherungskopie einer CD? Das finden Sie mit ein wenig Glück unter der Webadresse *http://www.seekacover.com*.

# 10. Es geht noch was: MP3- und Sound-Features, die es in sich haben

Das darf nicht fehlen: ein Kapitel für all das, was sonst nirgendwo hineinpasst. Möchten Sie MP3s als Wecker oder zur Erinnerung an Termine einsetzen? Ihren Windows Media Player den Hasen geben und stattdessen auf den MP3-Klassiker Winamp setzen? Oder MP3-Dateien freigeben, um sie durchs Netzwerk zu projizieren? Dann sind Sie in diesem Kapitel goldrichtig.

## Wecken mit Wunschmusik oder MP3s zur Erinnerung an Termine einsetzen

Vor Kurzem war bei Tchibo ein MP3-Wecker für 24,99 Euro im Angebot – eigentlich keine schlechte Sache, aber nicht unbedingt notwendig. Genauso lassen sich nämlich Desktop-PC oder Notebook als Wecker bzw. zur Erinnerung an Termine einsetzen. Hierzu verwenden Sie sowohl unter Vista als auch unter XP den Aufgabenplaner. Sie finden ihn unter *Alle Programme/Zubehör/ Systemprogramme/Aufgabenplanung* (Windows Vista) bzw. *Alle Programme/Zubehör/Systemprogramme/Geplante Tasks* (Windows XP). Zur Konfiguration unter Windows Vista gehen Sie wie folgt vor:

**1** Starten Sie den Taskplaner. Entscheiden Sie sich für das Erstellen einer neuen Aufgabe. Geben Sie zunächst unter der Registerkarte *Allgemein* einen Namen für den zu erstellenden Task an.

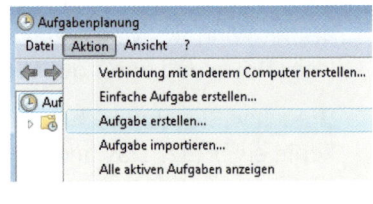

**2** Klicken Sie als Nächstes unter der Registerkarte *Trigger* auf *Neu*. Hier erstellen Sie den Zeitplan für den Task (z. B. täg–

lich um 7 Uhr wecken) und speichern die Einstellungen mit *OK* ab. Es lassen sich ggf. weitere Termine festlegen (falls es mit dem ersten Wecken

nicht klappt, dann gleich noch mal um 7.30 Uhr).

**3** Anschließend klicken Sie unter *Aktionen* auf *Neu*. Klicken Sie auf *Durchsuchen* und geben Sie den Pfad der gewünsch-

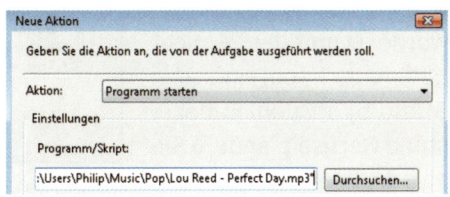

ten MP3-Datei oder Wiedergabeliste an. Bestätigen Sie wiederum mit *OK*.

**4** Der Computer soll zum Abspielen der MP3-Datei aus dem Stand-by-Modus reaktiviert werden? Aktivieren Sie diese Option unter der Registerkarte *Bedingungen*.

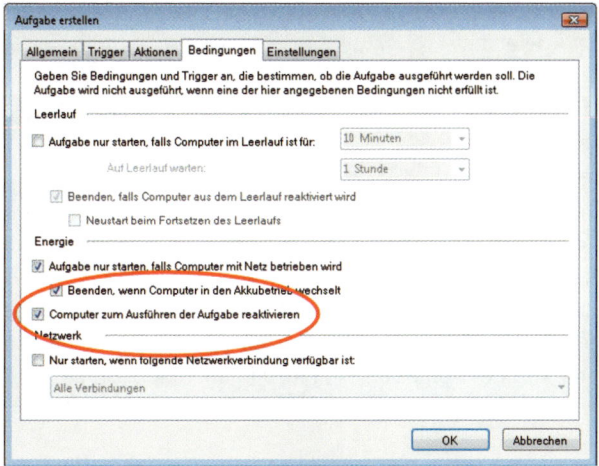

Speichern Sie die Aufgabe ab, Sie werden dann pünktlich geweckt oder an Termine erinnert. Das Reaktivieren klappt allerdings nur aus dem einfachen Stand-by-Modus, nicht aus dem Ruhezustand oder gar, wenn der PC heruntergefahren wurde. Damit der PC nicht automatisch vom einfachen Stand-by in den Ruhezustand wechselt, ändern Sie ggf. die Energieoptionen in

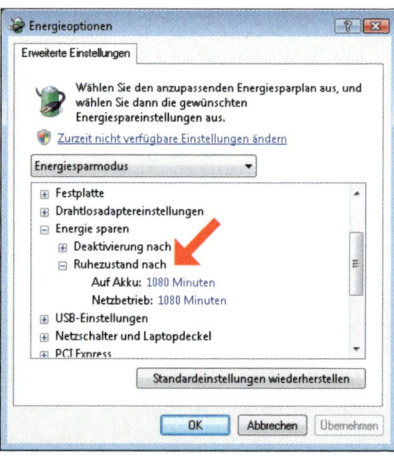

der Systemsteuerung unter *Hardware und Sound/Energieoptionen* (Windows Vista) bzw. *Leistung und Wartung/Energieoptionen* (Windows XP).

---

## Mit diesem Tool geht es einfacher: Perfekt Alarm Clock

Nicht ganz so leistungsstark wie der Windows-Taskplaner, aber dafür einfacher zu bedienen ist das Freeware-Tool Perfect Alarm Clock, das Sie

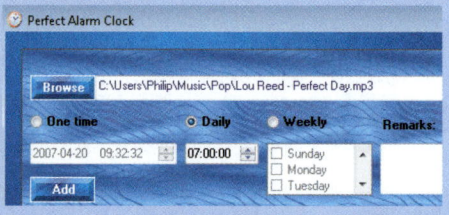

unter *http://ww.celescom.com* herunterladen. Das Programm startet MP3s oder beliebige Programme zum von Ihnen festgelegten Zeitpunkt – allerdings nur dann, wenn es geöffnet ist. Einfach mit *Browse* den Dateipfad der MP3-Datei angeben, eine Zeit festlegen und den Termin mit *Add* der Aufgabenliste hinzufügen. Klappt prima!

## Erstklassige Alternative zum Windows Media Player: Winamp

Ist Ihnen der Windows Media Player zu langweilig? Dann laden Sie unter *http://www.winamp.com* den alternativen (und in der Basic-Version kostenlosen) MP3-Player Winamp aus dem Internet, der einen gewissen Kult-Charakter genießt. Größter Vorteil der Software ist die Vielzahl der verfügbaren Plug-ins mit deren Hilfe Sie Winamp um nützliche Funktionen erweitern.

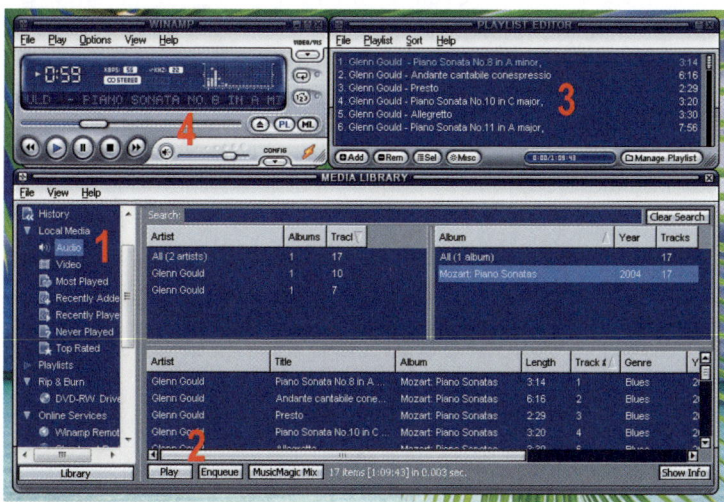

Um Winamp zum Abspielen Ihrer MP3s einzusetzen, importieren Sie diese zunächst mit *File/Add Media to Library* in die Medienbibliothek (**1**). Selektieren Sie eine Datei, ein Album etc. in der Medienbibliothek und klicken Sie auf *Play* (**2**), um die Wiedergabe zu starten. Die laufenden MP3s werden im Wiedergabelisteneditor angezeigt (**3**). Mit *File/Save playlist* kann die Wiedergabe für eine spätere Verwendung abgespeichert werden. Im eigentlichen Player-Fenster (**4**) nutzen Sie die für einen Musik-Player üblichen Funktionsleisten zum Pausieren, Stoppen etc. einer Wiedergabe.

Visualisierung gefällig, Equalizer benötigt? Diese Tools finden Sie unter *Options*.

## So geht's: Winamp mit Skins aufpeppen und Plug-ins erweitern

Dass Winamp bei MP3-Fans sehr beliebt ist, liegt nicht zuletzt daran, dass sich die Software erweitern lässt: Verwenden Sie pfiffige Skins, um der Benutzeroberfläche des Programms einen neuen Anstrich zu geben. Oder verwenden Sie Plug-ins, um den Leistungsumfang von Winamp zu erweitern, 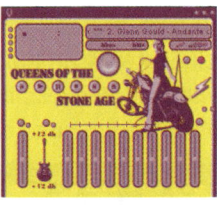 z. B. ein Encoder-Plug-in, Soundeffekte und vieles mehr.

Sie finden unter *http://www.winamp.com* jede Menge Skins und Plug-ins, die Sie einfach wie gewöhnliche Software installieren. Die Verwaltung der Winamp-Plug-ins erfolgt unter *Options/Preferences*.

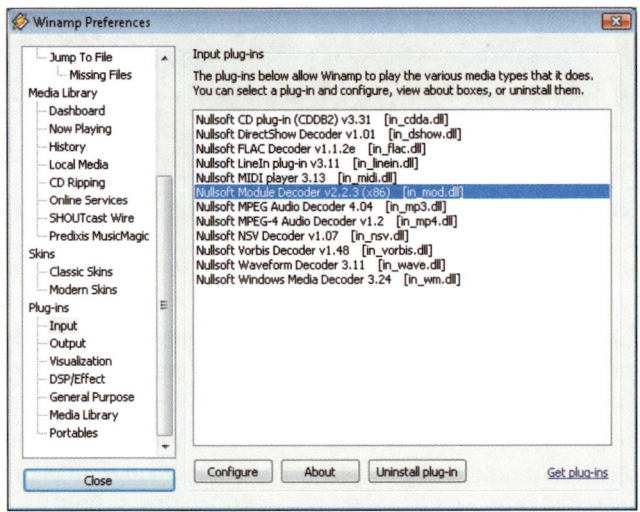

**So bringen Sie Winamp Deutsch bei**

Wem die englische Benutzeroberfläche nicht liegt, der findet unter den auf *winamp.com* gelisteten Plug-ins auch ein deutsches Sprachpaket, das heruntergeladen und instlliert werden kann. Aktiviert wird anschließend *Deutsch* unter *Options/Preferences/ General Preferences*.

## Podcast mit Kommentaren versehen oder „Lesezeichen" im Hörbuch setzen? – Mit dieser Freeware kein Problem!

Nicht nur gedruckte Bücher lassen sich mit Lesezeichen versehen, sondern auch Podcasts und Hörbücher. Verwenden Sie hierzu das Tool SoundNotes, das es unter *http://www.freeware.de* kostenlos zum Download gibt. Die Funktionsweise ist kinderleicht:

**1** Starten Sie zunächst Sound-Notes. Klicken Sie auf den *In-put*-Button, um eine MP3-Datei ins Programm zu laden und wiederzugeben.

**2** Soll ein Kommentar oder Lesezeichen eingefügt werden? Dann klicken Sie auf den *Pause*-Button und dann auf *Label*. Geben Sie einen beliebigen Kommentar in das zugehörige Feld ein. Klicken Sie auf *Insert*,

um den Kommentar zu übernehmen. Wiederholen Sie den Vorgang ggf. bei weiteren Positionen.

**3** Um eine MP3-Datei an der entsprechenden Stelle abzuspielen, starten Sie einfach wieder die Wiedergabe und doppelklicken auf den Eintrag im Listenfeld.

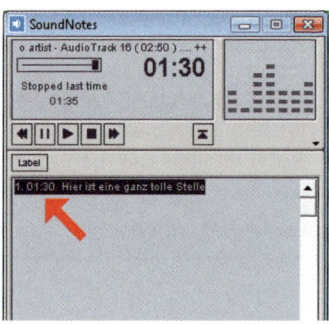

## Die Dateien sind bei der Übertragung auf den MP3-Player durcheinandergeraten? – Schaffen Sie Ordnung!

MP3-Dateien auf dem Rechner sortieren – dank Windows Explorer & Co. ist das kein Problem. Anders sieht es hingegen auf dem MP3-Player aus: Je nach Gerät ist dort das Sortieren von MP3-Dateien umständlich oder sogar unmöglich. Ein nützlicher kleiner Helfer in diesem Zusammenhang: das Freeware-Tool ReOrganize, das Sie unter der Webadresse *http://www.oliver-frietsch.de/reorganize* finden. Es eignet sich auch optimal zum bequemen Dateien-Austausch zwischen Festplatte und MP3-Player bzw. MP3-Player und Festplatte. Zum Ordnen Ihrer MP3s auf dem Player gehen Sie wie folgt vor:

**1** Verbinden Sie Ihren MP3-Player mit dem Computer. Stoppen Sie ggf. die automatische Wiedergabe. Installieren Sie ReOrganize auf das Wechseldatenträger-Laufwerk (klappt bei den meisten MP3-Playern; Speicherbedarf allerdings ca. 1,6 MByte).

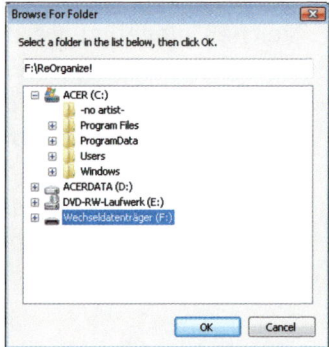

**2** Starten Sie nun das Programm. Es erscheint zunächst ein Abfragefenster. In den meisten Fällen müssen Sie hier nichts verändern. Manchmal muss allerdings ein anderer Player-Typ ausgewählt werden (wenn Sie sich nicht sicher sind, klicken Sie auf den Button *Kompatibilitätsliste*, vielleicht ist Ihr Player dort mit aufgelistet; ansonsten gilt: Probieren geht über Studieren).

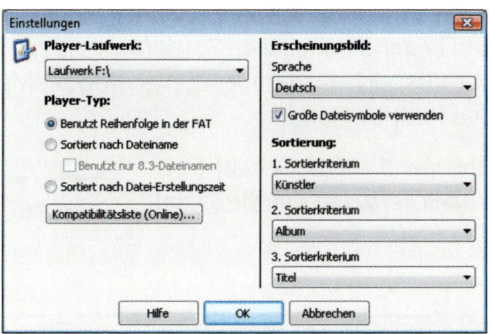

**3** Die Benutzeroberfläche ist in zwei Hälften eingeteilt: Rechts sehen Sie die Ordner und Dateien Ihres MP3-Players (**1**), links die Ordner und Dateien Ihres Computers (**2**).

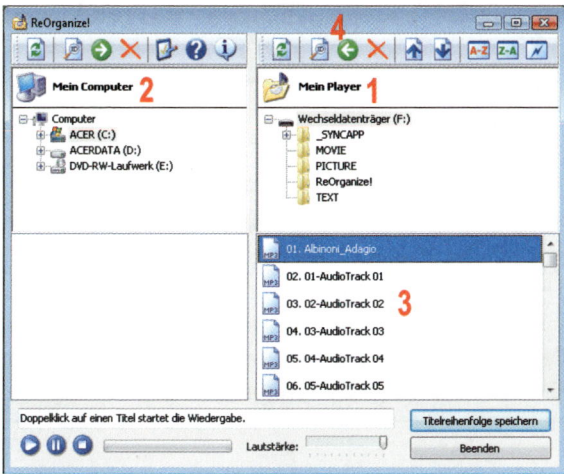

Klicken Sie einen Ordner an, werden im Feld unten jeweils die zugehörigen Dateien angezeigt (**3**). Selektieren Sie in diesem Feld eine Datei – bzw. bei gedrückter Strg-Taste mehrere Dateien – und transferieren Sie sie jeweils mit dem grünen Pfeil-Button (**4**) in der Symbolleiste auf den Computer bzw. MP3-Player.

**4** Die Dateien auf dem MP3-Player in eine neue Reihenfolge bringen? Dazu stehen in der Symbolleiste Sortierbuttons zur Verfügung. Eine Datei lässt sich auch einfach bei gedrückter Maustaste in eine neue Position ziehen.

**5** Klicken Sie abschließend auf die Schaltfläche *Titelreihenfolge speichern*, um die MP3s auf Ihrem MP3-Player neu zu sortieren.

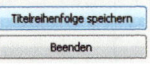

## MP3s auf der Festplatte in Ordnung bringen

MP3-Dateien auf der Festplatte nach ID3-Tags automatischen Ordnern zuweisen: Das geht mit dem kostenlosen Tool ID3Sort. Sie finden es unter *http://www.cteam2005.de*. Laden Sie Ihre MP3-

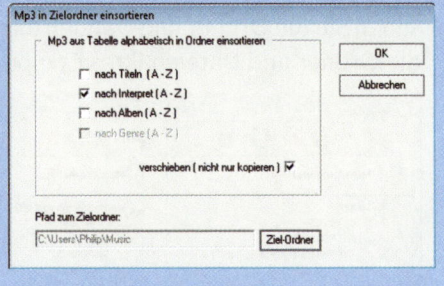

Dateien mit *Datei/MP3 laden* ins Programm (Dateien ohne Tags werden hierbei automatisch aussortiert). Wählen Sie dann *Datei/MP3 speichern* und geben Sie Ihren Sortierwunsch sowie den Zielordner für die Dateien an. Standardmäßig werden die Dateien in die neu erstellten Ordner nur kopiert. Um ein Verschieben durchzuführen, aktivieren Sie das entsprechende Kontrollkästchen.

## Windows Vista macht's möglich: MP3-Dateien durch das Netzwerk beamen

Windows Vista bietet ein neues nützliches Feature: die Freigabe von Mediendateien, sprich, Ihrer Medienbibliothek. Damit geben Sie Ihre MP3s, Videos etc. nicht nur für andere Benutzer auf dem PC frei, sondern auch auf weiteren Vista-PCs in der Netzwerkumgebung. Mit einem entsprechenden Gerät wie z. B. der Xbox 360 lassen sich die Mediendateien sogar auf Stereoanlage & Co. projizieren. Die Freigabe Ihrer Mediendateien nehmen Sie entweder im Netzwerk- und Freigabecenter oder im Windows Media Player 11 vor. Voraussetzung für die Medienprojektion im Netzwerk wäre natürlich, dass Sie zuvor ein funktionierendes Netzwerk – LAN oder WLAN einrichten. Hierbei kann Ihnen der Titel „Auf die Schnelle: PCs vernetzen mit Windows Vista" behilflich sein (DATA BECKER, ISBN 978-3-8158-1699-8). Wenn das Netzwerk steht, gehen Sie wie folgt vor:

1 Öffnen Sie den Windows Media Player. Klicken Sie zweimal auf *Medienbibliothek* und wählen Sie den Eintrag *Medienfreigabe*.

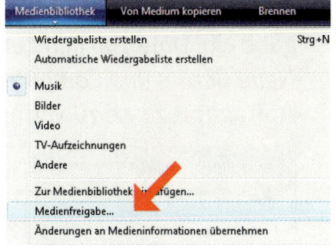

2 Aktivieren Sie im sich öffnenden Fenster beide Kontrollkästchen und klicken Sie auf *OK*.

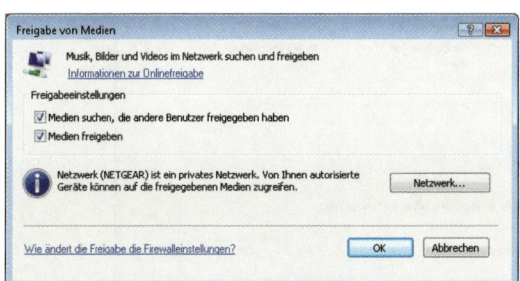

**3** Erlauben Sie anderen Benutzern auf dem PC und Geräten im Netzwerk den Zugriff auf Ihre Medienbibliothek. Klicken Sie dann auf *Einstellungen*.

**4** Machen Sie Angaben darüber, welche Medien Sie freigeben möchten, und schränken Sie ggf. die Bedingungen für die Freigabe ein. Unten im Fenster aktivieren Sie das Kontrollkästchen *Neue Geräte und Computer automatisch erlauben*, um weitere Abfrageprozesse zu vermeiden.

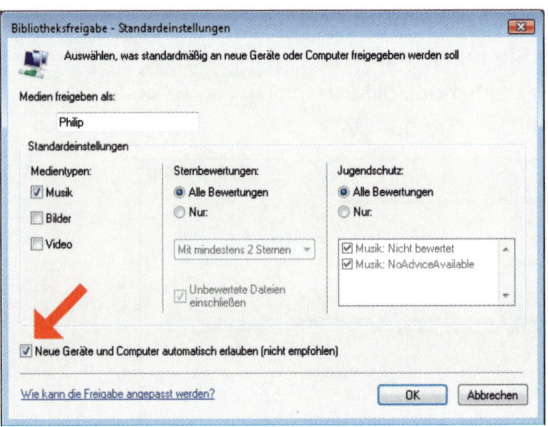

## Ganz ohne Medienbibliothek: Gemeinsame Mediennutzung unter Windows XP

Mit der Freigabe der Medienbibliothek klappt es leider nur unter Windows Vista. XP-Nutzer verschieben Ihre MP3s einfach in den
Ordner *Gemeinsame Dokumente*

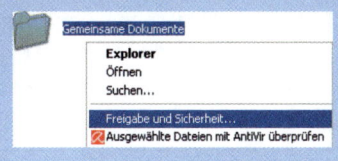

und geben diesen im Netzwerk frei, um anderen den Zugriff darauf
zu ermöglichen (Ordner mit der rechten Maustaste anklicken; unter
*Freigabe und Sicherheit* die Freigabe-Kontrollkästchen aktivieren).

### So einfach nutzen Sie freigegebene Medien anderer Benutzer bzw. im Netzwerk

Um die freigegebenen Medien zu nutzen, doppelklicken Sie entweder auf das entsprechende Symbol in der Netzwerkumgebung, um die
entsprechende Medienbibliothek im Windows
Media Player zu öffnen.

Oder Sie öffnen den Windows Media Player direkt: In der Navigationsleiste links steht neben
der eigenen Medienbibliothek auch die freige-
gebene Medienbibliothek anderer Benutzer
zur Verfügung.

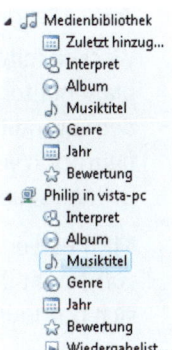

**Und wie projiziere ich meine MP3s auf die Stereoanlage?**

Um Musik, Videos und Bilder auf Fernseher, Stereoanlage etc. zu projizieren bedarf es eines zusätzlichen Geräts, das Sie zwischenschalten: ein **D**igital **M**edia **R**eceiver (DMR) wie z. B. die Xbox 360 von Microsoft. Dafür müssen Sie allerdings ziemlich tief in die Tasche greifen (je nach Angebot zwischen 200 und 400 Euro).

## Auf die Schnelle: die besten Tipps & Tricks

Sich mit der Lieblings-MP3 wecken oder an einen Termin erinnern lassen, Dateien auf dem MP3-Player sortieren oder anderen die Nutzung der eigenen Musikdateien erlauben. Dazu braucht es gar nicht viel:

■ *Jede Menge nützlicher Tools für den MP3-Alltag*

Wecken mit Wunschmusik: Verwenden Sie dazu den Aufgabenplaner unter Vista oder XP. Der Computer kann dabei sogar aus dem Stand-by reaktiviert werden. Für die schnelle Terminkonfiguration verwenden Sie das Tool Perfect Alarm Clock (*http://ww.celescom.com*).

MP3-Player der Superlative: Mit Winamp (*http://www.winamp.com*) steht Ihnen ein leistungsstarker Player zur Verfügung, der sich per Plug-ins um zahlreiche Funktionen erweitern lässt.

MP3-Dateien mit Lesezeichen? Versehen Sie eine oder mehrere Positionen einer MP3-Datei mit Kommentaren. Das Tool SoundNotes (Download unter *http://www.freeware.de*) macht's möglich.

Ordnung auf dem MP3-Player: Das verspricht das Freeware-Tool ReOrganize (*http://www.oliver-frietsch.de/reorganize*). Auch der Transfer von Dateien zwischen PC und MP3-Player ist damit spielend leicht.

## Filesharing im Kleinen: Freigabe der Medienbibliothek

Sie haben Ihre MP3-Dateien in einem Benutzerordner gespeichert und möchten anderen Benutzern auf dem PC den Zugriff darauf erlauben?

Oder Sie möchten die MP3s und andere Mediendateien für die Nutzung im Netzwerk freigeben. Richten Sie dazu einfach die Medienfreigabe im Windows Media Player ein. Die freigegebenen Medienbibliotheken anderer Nutzer rufen Sie ganz einfach in der Netzwerkumgebung oder in der Navigationsliste des Windows Media Player auf.

# Stichwortverzeichnis